Bertet / Keller
Gewaltprävention in der Schule

Verlag Hans Huber
Sachbuch Psychologie

Wissenschaftlicher Beirat:
Prof. Dr. Dieter Frey, München
Prof. Dr. Lutz Jäncke, Zürich
Prof. Dr. Meinrad Perrez, Freiburg i. Ü.
Prof. Dr. Franz Petermann, Bremen
Prof. Dr. Hans Spada, Freiburg i. Br.

W0202686

HUBER

Roland Bertet / Gustav Keller

Gewaltprävention in der Schule

Wege zu prosozialem Verhalten

Verlag Hans Huber

Programmleitung: Tino Heeg
Lektorat: Lisa Binse, Rheda-Wiedenbrück
Herstellung: Daniel Berger
Umschlaggestaltung: Claude Borer, Basel
Druckvorstufe: ns prestampa sagl, Castione
Druck und buchbinderische Verarbeitung: AZ Druck & Datentechnik Gmbh, Kempten
Printed in Germany

Bibliografische Information der Deutschen Nationalbibliothek
Die Deutsche Nationalbibliothek verzeichnet diese Publikation in der Deutschen Nationalbibliografie; detaillierte bibliografische Daten sind im Internet über http://dnb.d-nb.de abrufbar.

Dieses Werk, einschließlich aller seiner Teile, ist urheberrechtlich geschützt. Jede Verwertung außerhalb der engen Grenzen des Urheberrechtes ist ohne Zustimmung des Verlages unzulässig und strafbar. Das gilt insbesondere für Vervielfältigungen, Übersetzungen, Mikroverfilmungen sowie die Einspeicherung und Verarbeitung in elektronischen Systemen.
Die Wiedergabe von Gebrauchsnamen, Handelsnamen oder Warenbezeichnungen in diesem Werk berechtigt auch ohne besondere Kennzeichnung nicht zu der Annahme, dass solche Namen im Sinne der Warenzeichen-Markenschutz-Gesetzgebung als frei zu betrachten wären und daher von jedermann benutzt werden dürfen.

Anregungen und Zuschriften bitte an:
Verlag Hans Huber
Lektorat Psychologie
Länggass-Strasse 76
CH-3000 Bern 9
Tel: 0041 (0)31 300 45 00
Fax: 0041 (0)31 300 45 93
verlag@hanshuber.com
www.verlag-hanshuber.com

1. Auflage 2011
© 2011 by Verlag Hans Huber, Hogrefe AG, Bern
(E-Book-ISBN 978-3-456-94999-4)
ISBN 978-3-456-84999-7

Inhaltsverzeichnis

Kapitel 1: Einleitung

«Unsere Jugend ist unerträglich, unverantwortlich und entsetzlich anzusehen.»
Aristoteles

«[...] eine Menge bösartiger, liederlicher Personen, die zur Übelkeit sogleich bereit und schwer zu kontrollieren sind.»
Der Dominikaner Dominici über die mittelalterlichen Schüler

«Die Leute erziehen ihre Kinder so schlecht, dass es für die armen Schulmeister unverkennbar wird [...], dass sie es mit wilden Tieren zu tun haben.»
Matthias Bredenbach (1557)

«Der ausgelassene Mutwillen und Unfug, welchen die Knaben besonders nach den Schulstunden verüben, hat bisher den allgemeinen Unwillen erregt und die lautesten Beschwerden veranlasst. Ihr Herumlaufen, Schreien und Lärmen, hauptsächlich auch das Werfen mit Steinen, womit sie sich und andere beschädigen, oder wenn sie in ganzen Haufen gegeneinander losgehen, sind ihre gewöhnlichsten Unarten, die schon lange jedermann zur größten Belästigung und Ärgernis gereicht haben.»
Das Frankfurter Polizeiamt (1816)

«Die heutigen Kinder sind ganz offensichtlich die Kinder ihrer Zeit und ihrer Umwelt, sie sind ihr entlarvendster Spiegel. Sie sind nicht nur nervös, ungeordnet [...], vital ‹gestört› – sie terrorisieren

einander, sie streiten sich ununterbrochen [...], sie vandalisieren das Gemeingut, sie sind weitgehend unfähig, anderen und sich selbst Freude zu bereiten, sie scheinen unfähig, tiefere anhaltende Beziehungen zu Menschen oder Sachen einzugehen [...]»
Hartmut von Hentig (1975)

«Bei den Schülern, da sind sich Lehrer, Eltern und Psychologen einig, sinkt die Fähigkeit zur Konzentration, steigt die Angriffslust, fehlen die Geduld und die Lernbereitschaft, erlahmt das Interesse am Unterricht. In Umfragen bestätigen Pädagogen bundesweit, dass Krawalle und Clownerien, Aggression und Apathie in den Klassenzimmern kräftig zunehmen.»
DER SPIEGEL (1988)

«Monströse Fernsehkinder und Nazi-Kids, Gewalt an den Schulen und zerrissene Familien [...] Noch nie war es für Eltern und Lehrer so schwierig, aus Kindern Erwachsene zu machen.»
DER SPIEGEL (1995)

«Ein Horde lernunwilliger, ungezogener [...] Bestien.»
Dietrich Schwanitz (2003)

«Wir müssen feststellen, dass die Stimmung in einigen Klassen zurzeit geprägt ist von Aggressivität, Respektlosigkeit und Ignoranz uns Erwachsenen gegenüber. [...] Einige Kollegen/innen gehen nur noch mit dem Handy in bestimmte Klassen, damit sie über Funk Hilfe holen können. Wir sind ratlos.»
Lehrerkollegium der Rütli-Oberschule in Berlin/Neukölln (2006)

«Mobbing unter Schülern ist in Deutschland an der Tagesordnung. Einer Studie zufolge ist beinahe jeder dritte Schüler schon einmal von Mitschülern schikaniert worden.»
STERN (2009)

Wie aus den Zitaten augenfällig hervorgeht, ist die Unzufriedenheit der Erwachsenen mit dem Sozialverhalten der Schüler nicht neu. Antisoziales Schülerverhalten war in allen Epochen der Schulgeschichte ein besonderes Problem. Dies hat Keller (1989) in seiner schulgeschichtlichen Studie «Das Klagelied vom schlechten Schüler» aufgezeigt und nachgewiesen.

Der Blick durch die historische Brille darf jedoch nicht als Entwarnung verstanden werden. Denn die nähere Betrachtung des Erscheinungsbildes von Schülergewalt zeigt, dass in der Schule eine neue Qualität von Aggression und Gewalt Einzug hält. Was an realer und medialer Gewalt außerhalb der Schule passiert, wird häufiger als früher von einem harten Kern gewaltbereiter Schüler schulintern reinszeniert. Der Problemdruck, den diese Schülergewalt erzeugt, ist im Verlauf der 2000er Jahre durch Amokläufe und schwere Gewalttaten, die im deutschsprachigen Raum nicht für möglich gehalten wurden, enorm erhöht worden.

Dringender denn je braucht jede Schule ein wirksames Gewaltpräventionskonzept. Um dieses erarbeiten und umsetzen zu können, benötigt sie zum einen gewaltpräventives Wissen und zum anderen konkrete Anleitungen und Anregungen für die praktische Präventionsarbeit. Zu diesem Zweck haben wir das vorliegende Buch geschrieben. Es basiert auf jahrzehntelangen Beratungs- und Schulerfahrungen. Sein Inhalt weist folgende Struktur auf:

Kapitel 2 gibt den aktuellen Erkenntnisstand zum Erscheinungsbild, zum Ausmaß und zu den Ursachen der Schülergewalt wieder.

Kapitel 3 beschäftigt sich mit dem Begriff, den Zielen und den Handlungsebenen der Gewaltprävention. Als Fazit daraus werden Handlungsgrundsätze abgeleitet, an denen sich die schulische Präventionsarbeit orientieren kann.

Kapitel 4 ist das Herzstück des Buches. Basierend auf schulpraktischen Erfahrungen wird dargestellt und konkretisiert, wie facettenreich Gewaltprävention in der Schule realisiert werden kann. Dabei wird auch verdeutlicht, wie wichtig eine prosoziale Schulphilosophie als Kern der Prävention ist.

Kapitel 5 geht der Frage nach, welche Wirkungen schulische Gewaltprävention erzielen kann. Und zwar unter Bezug auf Effektivitätsstudien.

Obwohl der Buchinhalt eindeutig auf Gewaltprävention ausgerichtet ist, sind im Anhang auch interventive Hilfen enthalten. Wer sich darüber hinaus über Gewaltintervention kundig machen möchte, findet Anleitungen und Hilfen in speziellen Leitfäden (Olweus, 2006; Janann, 2008; Keller, 2010).

Kapitel 2: Gewalt in der Schule

Es ist schon wahr: nichts wirkt so rasch wie Gift!
Der Mensch, und sei er noch so minderjährig,
ist, was die Laster dieser Welt betrifft,
früh bei der Hand und unerhört gelehrig.
Erich Kästner

Als Anfang der 1990er Jahre schulische Gewaltvorfälle von den Medien verstärkt fokussiert und multipliziert wurden, begann sich ein Forschungsgebiet zu etablieren, das heutzutage als schulbezogene Gewaltforschung bezeichnet wird. Ihr Ziel ist es, fundierte Daten zu erheben zum Erscheinungsbild, zum Ausmaß und zu den Ursachen der Gewalt in Schulen. Die wichtigsten Ergebnisse und Erkenntnisse vielfältiger und intensiver Forschungsbemühungen werden in diesem Kapitel präsentiert.

Definition

Die Begriffe «Aggression» und «Gewalt» werden oft synonym verwendet. Obwohl sie eng miteinander verwandt sind, müssen sie dennoch differenziert gebraucht werden. Aus wissenschaftlicher Sicht ist Aggression der umfassendere Begriff. Etymologisch entstammt er dem lateinischen Wort aggredi, das so viel bedeutet wie «sich nähern», «heranschreiten», «angreifen». Fachsprachlich versteht man unter Aggression ein evolutionär entstandenes Verhalten, dem unterschiedliche Sinnperspektiven zugrunde liegen können (Winkel, 1993):

- explorative Aggression: Erforschung von Territorien, Testung von Grenzen
- spielerische Aggression: Ausprobieren von körperlicher Stärke, Lust am Kräftemessen, Ringen und Rangeln
- kontaktierende Aggression: Interesse am anderen, Bedürfnis nach Zuwendung wird in Form von Aggression zum Ausdruck gebracht
- defensive Aggression: man fühlt sich bedroht und setzt sich zur Wehr, um unverletzt zu bleiben
- destruktive Aggression: absichtlich schädigendes Verhalten gegen Personen oder Sachen.

Das Wort «Gewalt» leitet sich vom althochdeutschen «waltan» ab, das «stark sein, beherrschen» bedeutet. In der heutigen Zeit spricht man von Gewalt, wenn die destruktive Aggression in deutlichem Maße von den sozialen Normen abweicht und in massiver Form schädigend wirkt.

Aggression und Gewalt können sich sowohl physisch als auch psychisch äußern. Interessant ist übrigens, dass das Gewaltverständnis der Schüler ein anderes ist als das der Wissenschaft. Sie assoziieren mit Gewalt vor allem deren physische Ausprägung.

Während sich die traditionelle Gewaltforschung auf die interpersonell ausgetragenen Gewalthandlungen bezieht, schließt die Konfliktforschung in ihre Definition die strukturelle Gewalt mit ein (Galtung, 1988). Das heißt, dass Gewalt auch durch Rahmenbedingungen, die die Lern- und Lebenschancen schädigen oder gar zunichte machen, bewirkt wird. Hierzu gehören auch gravierende gesellschaftliche Benachteiligungen. Bertold Brecht (2000) hat diese Erkenntnis in eine metaphorische Form gebracht:

> «Der reißende Fluß
> wird gewalttätig genannt.
> Aber das Flußbett,
> das ihn einengt,
> nennt keiner gewalttätig.»

In der öffentlichen Diskussion hat der Gewaltbegriff inzwischen den Begriff der Aggression verdrängt (Schubarth, 2010).

Erscheinungsbild

Gewalt in der Schule tritt in unterschiedlichen Formen in Erscheinung. Am sichtbarsten ist die physische Gewalt. Am meisten äußert sie sich dadurch, dass Schüler sich absichtlich mit körperlicher Gewalt schädigen. Deren Spektrum reicht von leichten Varianten (Schubsen, Treten), über das Verprügeln bis hin zu Attacken mit gefährlichen Gegenständen und Waffen. Als physische Gewalt wird auch bezeichnet, wenn Schüler Sachen von Mitschülern wegnehmen, beschädigen oder zerstören. Und schließlich äußert sich die physische Zerstörungswut in vandalistischen Handlungen gegen das Schuleigentum.

Nicht immer so sichtbar wie die physische ist die psychische Gewalt, die unter den Gewaltformen quantitativ am stärksten vertreten ist (Schubarth, 2010). Hierunter sind Handlungen zu verstehen wie

- Hänseln
- Verspotten
- Beschimpfen
- Bloßstellen
- Beleidigen
- Belästigen
- Drohen
- Demütigen
- Diskriminieren
- Nötigen.

Wenn Gewalt ausgeübt wird, um Mitschüler oder eine Schülergruppe über einen längeren Zeitraum mit dem Ziel der Ausgrenzung zu schikanieren, spricht man von Mobbing – bisweilen auch von Bullying. Die schädigenden Handlungen geschehen sowohl physisch als auch psychisch. Häufig werden sie von mehreren Schülern verübt.

Gemobbt wird übrigens nicht nur direkt, sondern auch mithilfe elektronischer Kommunikationsmittel. Für diese neue Gewaltform wurde der Begriff Cybermobbing geprägt. Eine besonders üble Variante ist das Happy Slapping (englisch: lustiges Schlagen). Es läuft meist so ab, dass die Täter das Opfer schlagen oder sexuell nötigen und das Tatgeschehen mit einer Handy- oder Videokamera aufgenommen wird. Der Film wird danach per Internet oder Mobiltelefon verbreitet.

Wer als Kind oder Jugendlicher Opfer solcher Formen von Schülergewalt ist, tut sich schwer, sich Eltern oder Lehrpersonen anzuvertrauen. Hauptgrund hierfür ist die Angst, als Petzer etikettiert oder weiterer Gewalt ausgesetzt zu werden. Olweus (2006) hat Warnzeichen definiert, an denen für Lehrpersonen und Eltern eine Opfersituation erkenntlich wird (siehe Anhang).

Ausmaß

In der medialen Berichterstattung und in der öffentlichen Diskussion herrscht der Eindruck einer kontinuierlichen Gewaltzunahme und einer zunehmenden Brutalisierung vor. Gleichzeitig macht sich die Sorge breit, dass hieraus eine epidemische Gewaltausbreitung entsteht, die eines Tages nicht mehr kontrolliert werden kann. Dafür gibt es zwei wesentliche Ursachen. Zum einen basieren die medialen Aussagen auf dramatisierenden Generalisierungen von Einzelfällen. Zum anderen scheinen manche Medien, insbesondere die Boulevardpresse, Gewalt-Schlagzeilen bewusst zu generieren, um die Neugier und das Kaufinteresse des Publikums zu wecken.

Das mediale Bild wird von der empirischen Aggressions- und Gewaltforschung so nicht geteilt. Seit Beginn der 1990er Jahre werden in regelmäßigen Abständen Schülergewaltstudien durchgeführt, in denen auch das Ausmaß der Gewalt erforscht wird (z. B. Hurrelmann/Freitag, 1993; Schwind et al., 1995; Schubarth et al., 1996; Wetzels et al., 2001; Fuchs et al., 2009; Holtappels et al., 2009; Baier et al., 2009). Aus der Fülle der Untersuchungsdaten lassen sich folgende zentralen Erkenntnisse ableiten:

- Der Anteil besonders gewaltaktiver Schüler beträgt 5–7 Prozent, ähnlich groß ist der Anteil von Schülern, die immer wieder in die Opferrolle geraten.
- Mehr als die Hälfte der Gewalttäterinnen und Gewalttäter sind gleichzeitig Opfer und umgekehrt.
- Die meisten Gewaltprobleme gibt es in der Altersgruppe der 12- bis 15-Jährigen beziehungsweise in den Jahrgangsstufen 7–9. Der Kulminationspunkt ist die Jahrgangsstufe 8.

- Schulartenspezifisch betrachtet ist die Gewaltbelastung in der Förderschule am höchsten. Danach folgen die Hauptschule, die Berufsschule und die Realschule. Am geringsten belastet ist das Gymnasium.
- Physische Gewalt ereignet sich in der Förderschule Schulen für Erziehungshilfe wurden in die Erhebungen nicht einbergen am häufigsten. Bezüglich der psychischen Gewalt gibt es zwischen den Schularten keine besonderen Unterschiede.
- Nicht nur zwischen den Schularten, sondern auch zwischen den einzelnen Schulen innerhalb einer Schulart variiert das Gewaltausmaß teilweise beträchtlich, was mit der Schulqualität und Schulkultur zusammenhängt.
- Jungen sind aggressiver und gewalttätiger als Mädchen. Besonders signifikant ist der Unterschied im Bereich der physischen Gewalt. Nicht so krass ist er bei der psychischen Gewalt, aber auch hier sind die Jungen auffälliger.
- Schüler mit Leistungsproblemen sind gewaltanfälliger.
- Der Pausenhof ist jener Ort, an dem Gewalthandlungen am häufigsten vorkommen.
- In Schulen, deren Einzugsgebiet ein sozialer Brennpunkt ist, steigt die Wahrscheinlichkeit von Schülergewalt.
- Schüler mit Migrationshintergrund sind dann gewaltbelasteter, wenn ihre Integration misslungen ist.
- Schulische Gewalttäter fallen großenteils auch außerhalb der Schulen durch antisoziales Verhalten auf.

Die Hypothese einer signifikanten quantitativen Zunahme der Gewalt an Schulen kann nicht bestätigt werden. Dies lässt sich auch aus der Statistik der von den Unfallkassen jährlich ermittelten schulischen Raufunfälle ersehen. Demnach erleidet lediglich einer von hundert Schülern pro Jahr einen Raufunfall. Die Anzahl der Raufunfälle ist zwischen 1997 und 2007 um 31 Prozent zurückgegangen (www.bundestag.de/dokumente/analysen/2009/jugendgewalt.pdf).

Dennoch kann festgestellt werden, dass es eine besonders gewalttätige Teilgruppe der Schülerschaft gibt (siehe Tabellen 2-1 und 2-2). Dieser harte Kern zeigt ein Gewaltverhalten, das die seelische und körperliche Unversehrtheit der Schulmitglieder immer wieder bedroht und verletzt.

Tabelle 2-1: Schüler als Opfer von Gewalt durch Schüler

	nie	1- oder 2-mal	3- bis 6-mal	mehrmals pro Monat	einmal pro Woche	mehrmals pro Woche
Ich wurde von anderen Schülern absichtlich geschlagen oder getreten.	79,1	15,5	3,2	1,0	0,4	0,8
Andere Schüler haben mich erpresst und gezwungen, Geld oder Sachen herzugeben.	98,4	1,0	0,3	0,1	0,1	0,1
Andere Schüler haben meine Sachen absichtlich kaputtgemacht.	86,3	10,7	1,7	0,6	0,3	0,4
Andere Schüler haben mich gehänselt oder hässliche Dinge über mich gesagt.	56,1	27,3	8,4	3,9	1,2	3,1
Ich wurde aus gemeinsamen Unternehmungen ausgeschlossen, weil das andere Schüler gewollt haben.	89,3	7,8	1,6	0,6	0,2	0,4
Andere Schüler haben mich wie Luft behandelt und absichtlich nicht mehr beachtet.	79,8	14,5	3,0	1,1	0,4	1,2

Quelle: Baier, D./Pfeiffer, Ch./Simonson, J./Rabold, S.: Jugendliche in Deutschland als Opfer und Täter von Gewalt. Hannover: Kriminologisches Forschungsinstitut Niedersachsen e.V. 2009, S. 57.

Tabelle 2-2: Schüler als Täter von Gewalt gegen Schüler

	nie	1- oder 2-mal	3- bis 6-mal	mehrmals pro Monat	einmal pro Woche	mehrmals pro Woche
Ich habe einen anderen Schüler absichtlich geschlagen oder getreten.	75,8	16,9	4,3	1,4	0,5	1,1
Ich habe einen anderen Schüler erpresst und gezwungen, Geld oder Sachen herzugeben.	97,5	1,2	0,5	0,3	0,2	0,4
Ich habe Sachen von einem anderen Schüler absichtlich kaputtgemacht.	90,8	6,1	1,5	0,7	0,3	0,6
Ich habe einen anderen Schüler gehänselt oder hässliche Dinge über ihn gesagt.	49,0	19,5	11,1	5,1	1,5	3,7
Ich habe Freunde von mir aufgefordert, damit aufzuhören, mit einem anderen Schüler weiter etwas zu unternehmen.	86,4	9,5	2,3	0,8	0,3	0,6
Ich habe einen anderen Schüler wie Luft behandelt und absichtlich nicht mehr beachtet.	65,7	22,3	6,0	2,2	0,8	3,0

Quelle: Baier, D./Pfeiffer, Ch./Simonson, J./Rabold, S.: Jugendliche in Deutschland als Opfer und Täter von Gewalt. Hannover: Kriminologisches Forschungsinstitut Niedersachsen e.V. 2009, S. 87.

Tabelle 2-3: Gewaltbedingte Unfälle nach Schulart (je 1000 Schüler)

	1995	2000	2005	2006	2007
Grundschulen	5,93	6,20	5,95	5,36	5,91
Hauptschulen	42,09	46,67	32,15	30,98	30,01
Förderschulen	15,21	20,99	18,56	19,99	18,59
Realschulen	19,81	19,03	12,88	13,33	15,18
Gymnasien	6,91	6,57	5,03	5,35	5,95
Insgesamt	13,28	14,26	10,86	10,50	10,8

Quelle: http://www.dguv.de/inhalt/presse/pdfs/Mappe_Internet_komplett_klein2.pdf

Tabelle 2-4: Gewaltbedingte Unfälle nach Geschlecht (je 1000 Schüler)

	1995	2000	2005	2006	2007
Jungen	18,49	19,78	15,04	14,72	15,28
Mädchen	7,94	8,60	6,38	6,17	6,26

Quelle: http://www.dguv.de/inhalt/presse/pdfs/Mappe_Internet_komplett_klein2.pdf

Tabelle 2-5: Gewaltbedingte Unfälle nach Alter (je 1000 Schüler)

	1995	2000	2005	2006	2007
unter 11 Jahre	7,90	8,44	7,28	6,65	7,41
11–15 Jahre	20,17	21,42	14,88	14,79	15,20
über 15 Jahre	11,45	11,34	9,19	9,46	8,87

Quelle: http://www.dguv.de/inhalt/presse/pdfs/Mappe_Internet_komplett_klein2.pdf

Tabelle 2-6: Gewaltbedingt Unfälle nach Schulveranstaltung (je 1000 Schüler)

	1995	2000	2005	2006	2007
Unterricht	0,93	1,02	1,27	1,45	1,49
Sport und Spiel	2,88	2,89	2,17	2,36	2,28
besondere Veranstaltung	0,27	0,41	0,31	0,28	0,26
Pause	7,13	7,46	5,52	4,87	5,11
Aufenthalt innerhalb der Schulanlage	0,94	1,17	0,75	0,81	0,96
Weg außerhalb der Schulanlage	0,01	0,03	0,03	0,01	0,02
Schulweg	1,11	1,22	0,79	0,69	0,68

Quelle: http://www.dguv.de/inhalt/presse/pdfs/Mappe_Internet_komplett_klein2.pdf

Ursachen

In den Human- und Sozialwissenschaften sind im Laufe der Zeit unterschiedliche Modelle und Theorien zur Erklärung von Aggression und Gewalt entstanden. Vor allem die Psychologie, Verhaltensbiologie und die Soziologie haben sich mit dem Phänomen intensiv beschäftigt. Die bekanntesten und relevantesten Erklärungsansätze werden im Folgenden dargestellt. Sie schließen sich nicht aus, sondern ergänzen sich.

Lerntheorie

Der Lernforscher Albert Bandura (1976) hat in zahlreichen Experimenten nachgewiesen, dass aggressives Verhalten wie anderes Verhalten erlernt wird, und zwar größtenteils durch Modell-Lernen. Mediale und reale Vorbilder motivieren Kinder zur Nachahmung. Aggressives Verhalten wird um so eher imitiert, je positiver die Konsequenzen für die Vorbildperson sind. Hat der Nachahmer bei der Ausführung des aggressiven Verhaltens Erfolg, indem er bewundert wird oder sich durchsetzt, wird es sehr wahrscheinlich in sein Verhaltensrepertoire übernommen. Einmal erfolgreich angeeignetes Aggressionsverhalten tendiert dazu, auf ähnliche Situationen übertragen zu werden.

Psychoanalyse

Aggression ist die Ableitung von Triebenergie über die Muskulatur auf die Außenwelt. Sie wurzelt, so Freud (1963), in der «angeborenen Neigung des Menschen zum Bösen» (ebd., 479). Aggressiv wird der Mensch zum einen dann, wenn er in seinem Luststreben gehemmt oder gekränkt wird. Je mehr dies einem Menschen in seiner Kindheit widerfährt, desto stärker ist die Aggressivität in seinem Erwachsenenleben. Zum anderen spielt bei der Aggressionsentstehung auch die Über-Ich-Entwicklung eine Rolle. Hat ein Kind während seiner Entwicklung auf dem Weg der Identifikation mit einer erwachsenen Bezugsperson nicht genügend «moralische Sicherungen» (Über-Ich-Lücken) erworben, steigt das Ausmaß der individuellen Aggressivität ebenfalls. Schließlich ist für die Aggressionsbewältigung von Belang, inwieweit das Ich durch soziale, kulturelle und sportliche Aktivitäten für den Aggressionsverzicht ausgleichend entschädigt wird.

Instinkttheorie

Aus der Sicht der Verhaltensbiologie geht die Aggression auf einen angeborenen Instinkt zurück, der einen arterhaltenden Sinn hat. Es handelt sich, so Lorenz (2007), um einen «auf den Artgenossen gerichteten Kampftrieb von Tier und Mensch» (ebd., 7). Im Organismus wird ständig aggressive Energie erzeugt, die sich so lange aufstaut, bis sie eine bestimmte Schwelle überschreitet und sich in aggressiven Handlungen entlädt. Je stärker der Aggressionsstau ist, desto geringer der Auslösereiz zum Aggressionsausbruch. Im Extremfall kommt es ohne äußeren Anlass zur aggressiven Entladung (Leerlaufreaktion).

Frustrations-Aggressions-Theorie

Werden zielgerichtete Aktivitäten des Menschen gestört oder blockiert, entstehen Frustrationen, die wiederum zu Aggressionen führen können

(Dollard et al., 1939). Wie wahrscheinlich solche Aggressionen sind, hängt erstens von aggressionsfördernden Auslösern ab (zum Beispiel von Provokationen). Zweitens spielt eine Rolle, wie die Situation bewertet wird. Und drittens ist mitentscheidend, wie stark die Affekte sind, die das frustrierende Ereignis hervorgerufen hat. Wichtig zu wissen ist noch, dass die aus einer Frustration resultierende Aggression sich nicht gegen die Frustrationsquelle richten muss, sondern sich auch auf einen Sündenbock verschieben kann (Aggressionsverschiebung).

Anomietheorie

Soziologisch betrachtet, breiten sich Aggression und Gewalt dort aus, wo die soziale Ordnung gestört ist und soziale Normen nicht mehr beachtet werden (Durkheim, 1930). Zum einen kann dies daran liegen, dass die Normverdeutlichung und die Verhaltenskontrolle nicht mehr funktionieren. Zum anderen kann die Anomie (griechisch: Gesetzlosigkeit) auch daraus resultieren, dass Ungerechtigkeit und Ungleichheit den Menschen aggressiv machen. Vor allem dann, wenn er sich in einer sozialen Loser-Situation befindet.

Diese Erklärungsmodelle sind sehr allgemein gehalten und eignen sich im Schulalltag nur bedingt für die genauere Ursachenanalyse. Im Folgenden wird deshalb eine Ursachenstruktur dargestellt, die aus schulpsychologischer Sicht und aus dem Blickwinkel aktueller sozialwissenschaftlicher Befunde einen präziseren Erklärungsversuch ermöglicht. An ihr soll auch deutlich werden, dass Aggression und Gewalt ein multifaktorielles Wechselspiel verschiedenster Ursachen sind.

Organische Einflüsse

Am dissozialen Verhalten von Kindern und Jugendlichen sind auch genetische, neurobiologische und neurophysiologische Faktoren beteiligt (Wahl, 2009; Schick, 2010). So geht aus Zwillings- und Adoptionsstudien hervor, dass die Aggressivität bei Kindern, die gleichzeitig auch einen hohen Empathiemangel aufweisen, in stärkerem Maße genetisch determiniert ist.

Nachhaltig beeinflusst wird das Sozialverhalten außerdem von den Neurotransmittern. So konnte man nachweisen, dass ein Mangel an Serotonin aggressives Verhalten wahrscheinlicher macht. Ebenso gut belegt ist die aggressionsfördernde Wirkung eines erhöhten Testosteronspiegels. Dieser Einfluss macht sich vor allem in der Pubertät bemerkbar, wenn er bei Jungen binnen kurzer Zeit um das 18-fache ansteigt.

Schließlich entsteht auch ein negativer Entwicklungseinfluss, wenn es während der Schwangerschaft (z.B. mütterlicher Alkoholkonsum) oder während dem Geburtsvorgang (zum Beispiel Sauerstoffarmut) zu Komplikationen kommt. Solche Ereignisse können das kindliche Gehirn so stark beeinträchtigen, dass der Aufbau der neuronalen Steuerung aggressiver Impulse und Emotionen nachhaltig gestört wird.

Kognitive Einflüsse

Bei manchen aggressiven Kindern und Jugendlichen wird das Problemverhalten durch verzerrte Wahrnehmungs- und Denkmuster, die sie sich in einem längeren Lernprozess aneignen, mitbedingt. Wahl (2009, 86) spricht diesbezüglich von einem «übersteuerten Sozialradar». Darunter ist zu verstehen, dass aus der sozialen Umwelt aggressionsfördernde Schlüsselreize übersensibel herausgefiltert werden. Beispielsweise werden einem Mitmenschen mit anderer Hautfarbe feindselige Absichten unterstellt. Auf eine solche Fehlbewertung folgt nicht selten eine provokative Handlung, die aggressiv eskaliert. Im Kontext seiner fremdenfeindlichen Vorurteile ist der Gewalttäter der Überzeugung, im Recht zu sein.

Frühkindliche Entwicklungsverletzungen

Sowohl aus schulpsychologischen Einzelfallanalysen als auch aus Gewaltstudien geht immer wieder hervor, dass gewalttätige Schüler in den ersten Lebensjahren Entwicklungsverletzungen erlitten haben (Hennig/Keller, 2000; Wetzels et al., 2001; Schick, 2010). Aus psychologischer Sicht ist dies einer der schwerwiegendsten Risikofaktoren für eine individuelle Gewaltentwicklung.

Zu den Entwicklungsverletzungen zählen vor allem körperliche Bestrafungen bis hin zur Misshandlung, Demütigungen sowie eine bewusste oder unbewusste Ablehnung des Kindes. Solcherart erlittene Verletzungen hinterlassen in der kindlichen Psyche tiefsitzende Minderwertigkeitsgefühle. Im weiteren Entwicklungsverlauf versucht der Gequälte die seelischen Qualen durch Gewalttätigkeit zu kompensieren. Die unbewusste Botschaft, die dabei steuert, lautet: «Übe Rache, wenn du verletzt worden bist.»

Folge der seelischen Traumen sind nicht nur Fehlverhaltensweisen, sondern auch Moralentwicklungsstörungen. Das heißt: Aufgrund des zerstörten Urvertrauens sind die Kinder bindungsgestört und nicht bereit, sich mit den Bezugspersonen zu identifizieren und deren Werte zu verinnerlichen.

Aktuelle Entwicklungsprobleme

Besonders negativ auf das schulische Sozialverhalten kann sich die Pubertät auswirken. Der seelisch-biologische Wandel, Leistungsprobleme und Leistungsversagen, Schwierigkeiten bei der Akzeptanz in der Gleichaltrigengruppe sowie Sinn- und Identitätsprobleme führen zu Stimmungsproblemen und seelischen Spannungen, die häufig, vor allem von Jungen, aggressiv ausgedrückt und ausagiert werden.

Manche Jugendliche überschreiten ganz bewusst die von den Erwachsenen gesetzten Grenzen. Da in dieser labilen Phase auch die Selbst- und Affektkontrolle geschwächt ist, wächst die Wahrscheinlichkeit gewalttätigen Verhaltens. Solche Grenzüberschreitungen verschärfen sich dort, wo Jugendliche unter den Konformitätsdruck und die Einflussmacht aggressiver Gleichaltrigengruppen geraten und unter Zwang Fehlverhalten produzieren.

Familienprobleme

In vielen Familien sind die elterlichen Beziehungen entweder phasenweise oder permanent gestört. Nicht wenige Paarkonflikte werden mit psychischer und/oder physischer Gewalt ausgetragen. Wer als Kind solche emotionsgeladenen Auseinandersetzungen beobachtet und miterlebt, ist besonders anfällig für eine aggressive Verhaltensentwicklung. Konkret heißt dies, dass die Verhaltensmuster des elterlichen Beziehungskrieges ins eigene Verhaltensrepertoire übernommen und in die Beziehung zu Gleichaltrigen übertragen werden (McClosky/Lichter, 2003).

Darüber hinaus ist aus Sicht der systemischen Beratung zu beobachten, dass manche Kinder aus Problemfamilien bewusst oder unbewusst aggressives Verhalten produzieren, um auseinanderstrebende Eltern zusammenzuhalten (Hennig/Knödler, 2007) ((###fehlt im LV###).

Ist die Familie endgültig zerbrochen, kann sich die Alleinerziehersituation entwicklungsstörend auswirken. Das Fehlen des leiblichen Vaters scheint so frustrierend zu sein, insbesondere für Jungen, dass sie dies in Form von Beziehungsaggressionen im außerfamiliären Bereich ausagieren.

Familiäre Erziehungsfehler

Auch in Familien, die strukturell in Ordnung sind, können Kinder und Jugendliche aggressives Verhalten entwickeln. Ursache hierfür sind häufig Erziehungsfehler (Hurrelmann/Bründel, 2007; Schick, 2010). Ein besonderer Risikofaktor ist eine unterdrückend-autoritäre Erziehung, die gekennzeichnet ist durch einen Mangel an emotionaler Wärme, rigide Kontrolle sowie häufige physische und psychische Bestrafungen. Ein ebenso gewichtiger Risikofaktor ist die vernachlässigende Erziehung. Ihre Hauptmerkmale sind emotionale Distanz zum Kind, wenig Normvermittlung und Grenzziehung sowie Inkonsequenz.

Schulische Fehler

Der häufigste schulische Problembeitrag ist der Mangel an Normverdeutlichung, Grenzziehung und systematischer Verhaltenssteuerung (Schubarth, 2010). Parallel hierzu lässt sich eine zweite Ursachenquelle erkennen: die Unfähigkeit zum pädagogischen Konsens. Das heißt, dass sich ein Klassenteam oder ein Kollegium nicht auf ein Minimum an Verhaltenserwartungen einigen kann beziehungsweise möchte. Was beim Lehrer X erlaubt ist, wird beim Lehrer Y sanktioniert. Des Weiteren fällt immer wieder auf, dass nach manchen Aggressionshandlungen Konsequenzen angedroht, aber letztlich nicht realisiert werden, was aus Schülersicht die Einladung zur nächsten Tat ist.

Ebenso Gewalt verursachend ist es, wenn eine Lehrperson Schüler durch Killerbotschaften kränkt und entmutigt. Wer kränkt, muss damit rechnen, dass er dies in Form von Gegenaggressionen zurückbekommt.

Gewalt tritt auch dort häufiger auf, wo wenig Beziehungspflege stattfindet und das Soziale Lernen vernachlässigt wird.

Zuletzt ist schlechter Unterricht ein Ursachenfaktor (Hurrelmann/Bründel, 2007). Zu nennen sind:

- mangelhafte Unterrichtsplanung und Unterrichtsdurchführung
- zu wenig Formwechsel/Mangel an schüleraktiven Arbeitsformen
- zu wenig Spannungsmomente/Aufmerksamkeitsweckung
- leistungsmäßige Über- oder Unterforderung.

Hinter diesem Ursachenbereich verbergen sich Defizite in der Lehrerprofessionalität bzw. in der Lehreraus- und -fortbildung.

Medieneinflüsse

Kinder und Jugendliche rezipieren in wachsendem Maß gewalthaltige Darstellungen in Printmedien, Fernsehsendungen, Videofilmen, Internetseiten und Computerspielen. Letztere bieten sogar die Gelegenheit zum fiktionalen gewalthaltigen Handeln.

Zur Wirkung von Mediengewalt gibt es verschiedene Annahmen:

- Es werden Spannungen abgebaut (Katharsistheorie).
- Es wird ein Abschreckungseffekt erzielt (Inhibitionstheorie).
- Es findet eine Gewöhnung bzw. eine Abstumpfung statt (Habituationstheorie).
- Die Gewaltbereitschaft wird erhöht (Stimulationstheorie).
- Aus den Bildern werden Vorbilder (Imitationstheorie).

Aus der empirischen Wirkungsforschung geht eindeutig hervor, dass der Gewaltmedienkonsum allerhöchstens beim ersten Mal abschreckend wirkt. Beim wiederholten Betrachten kommt es zur Gewöhnung und zu einer Erhöhung der Gewaltbereitschaft. Vor allem dann, wenn Kinder in einer erziehungsschwachen und aggressiven Familie aufwachsen, wächst die Wahrscheinlichkeit, dass die rezipierte Mediengewalt in reale Gewalt umgesetzt wird (Hurrelmann/Bründel, 2007).

Gesellschaftliche Faktoren

Auch die Gesellschaft spiegelt sich in der Schülergewalt wider. Erstens erzeugen sozioökonomische Benachteiligungen, Armutserfahrungen und damit verbundene Perspektivlosigkeit bei den Heranwachsenden Frustrationen, die das individuelle Gewaltpotenzial anreichern. Zweitens wird die Gewalt dort gefördert, wo zwischen den gesellschaftlichen Gruppen kein Konsens mehr darüber besteht, was ein positives Sozialverhalten ist und wie es eingefordert werden kann. Drittens hat eine permissive Medienpolitik seit Mitte der 1980er Jahre dazu beigetragen, dass Kinder und Jugendliche mit Gewaltmodellen überflutet werden. Viertens wird zu wenig investiert in Beratungs- und Hilfeangebote für Kinder und Jugendliche in schwierigen Lern- und Lebenssituationen.

Gewaltursachen im Überblick

Frühkindliche Entwicklungsverletzungen
- Ablehnung
- Misshandlung
- Missbrauch
- Verstoßung

Aktuelle Entwicklungsprobleme
- seelisch-körperlicher Wandel (Pubertät)
- schulische Misserfolge
- Misserfolge bei der Partnersuche
- generelle Ablehnung durch Gleichaltrige
- misslungene Identitäts- und Sinnsuche
- negative Gruppen- und Subkultureinflüsse

Familiäre Erziehungsfehler
- permissive Erziehung (zu wenig Normverdeutlichung, Normvermittlung und Grenzziehung)
- inkonsequente Erziehung
- kaltherzige, unterdrückende Erziehung
- uneinige Erziehung
- Erziehungsabstinenz des Vaters

Familienprobleme
- chronische Beziehungskriege
- akute Trennungs- und Scheidungskonflikte

- Alleinerzieherfamilie
- Patchworkfamilie

Schulische Fehler
- zu wenig Normverdeutlichung und Grenzziehung
- mangelnder pädagogischer Konsens
- Inkonsequenz
- Kränkungen, Bloßstellungen, Killerbotschaften
- Mangel an Umgangsregeln und Ritualen
- schlechter Unterricht

Medieneinflüsse
- gewalthaltige Fernsehfilme
- Horrorvideos
- gewalthaltige Internetseiten
- gewaltverherrlichende Computerspiele

Gesellschaftliche Faktoren
- sozioökonomische Benachteiligung
- Armutserfahrungen
- Perspektivlosigkeit
- Wertdissens
- permissive Medienpolitik
- Mangel an psychosozialen Hilfen

Kapitel 3: Grundkonzept der Gewaltprävention

> «Der Retter hatte gerade das erste Opfer erfolgreich mit Erste-Hilfe-Maßnahmen behandelt, da sah er eine Frau, die kurz vor dem Ertrinken war, und zog auch sie an Land. Die Geschichte wiederholte sich ein halbdutzend Mal, aber plötzlich drehte sich der Retter um und lief davon, während der Fluss einen weiteren Ertrinkenden herantrug. ‹Willst du den denn nicht retten?› fragte ein in der Nähe stehender Mensch. ‹Zum Teufel, nein›, erwiderte der Retter. ‹Ich gehe jetzt flussaufwärts und schaue nach, was alle diese Leute ins Wasser schubst›»
> David G. Myers

Diese Anekdote verdeutlicht bildkräftig den Kerngedanken der Prävention, der aus der Organmedizin des 19. Jahrhunderts stammt. Sie kam zu dem Schluss, dass ein Großteil der epidemischen Erkrankungen durch Hygiene und richtiges Gesundheitsverhalten reduziert oder gar verhindert werden kann. Ein ähnlicher Prozess vollzog sich etwas später in der Psychiatrie, wo das erste Präventionskonzept am Beginn des 20. Jahrhunderts vom amerikanischen Psychiater A. Meyer entwickelt und von der sogenannten Mental-Health-Bewegung in den USA verbreitet wurde. Ziel dieser Bewegung war es, psychischen Fehlentwicklungen und Erkrankungen durch Aufklärung, psychohygienische Erziehung und Erziehungsberatung vorzubeugen.

Aus den Anfängen der präventiven Bemühungen in der Medizin und Psychologie ist ein Paradigma entstanden, das zu einem Bewusstseinswandel geführt hat. Überall dort, wo Probleme den Menschen und die

Gesellschaft belasten, wird nach Stellen gesucht, an denen der Hebel der Prävention angesetzt werden kann.

Definition

Der Begriff «Gewaltprävention» geht auf das lateinische Wort «prävenire» («etwas zuvor kommen») zurück. Man versteht darunter alle Maßnahmen, die der Verhinderung und Verminderung von Gewalt dienen. In Anlehnung an Caplan (1964) unterscheidet man nach dem Zeitpunkt des Eingreifens drei Varianten:

1. Primäre Gewaltprävention soll Gewaltbereitschaft und gewalttätiges Verhalten erst gar nicht entstehen lassen. Sie wendet sich an alle Schüler. Ein Beispiel hierfür sind die Präventionscurricula Faustlos und Lions-Quest (siehe Kapitel 4).
2. Sekundäre Gewaltprävention zielt darauf ab, eine bei einzelnen Schülern oder Schülergruppen sich abzeichnende Gewaltentwicklung rechtzeitig zu erkennen und ihr wirksam entgegenzuwirken. Wie dies praktiziert werden kann, zeigt das Anti-Gewalttraining im Kapitel 4.
3. Tertiäre Gewaltprävention dient dazu, den Rückfall bereits gewaltauffällig gewordener Schüler und Schülergruppen zu verhindern.

Eine weitere Definition orientiert sich an der Richtung der Präventionsmaßnahme. Zielt diese auf das Verhalten von Personen oder Gruppen, spricht man von Verhaltensprävention. Werden die Rahmenbedingungen in Angriff genommen, handelt es sich um eine Verhältnisprävention.

Ziele

Generelles Ziel von schulischer Gewaltprävention ist es, die pädagogische Arbeit so zu gestalten, dass Gewalthandlungen entweder gar nicht auftreten oder das bisher registrierte Gewaltniveau deutlich reduziert wird.

Dieses Ziel kann nur realisiert werden, wenn prosoziales Verhalten systematisch aufgebaut und gefördert wird. Denn die Abwesenheit von Aggression und Gewalt ist letztlich nur erkennbar an positivem Sozialverhalten.

Obwohl es in einer wertpluralen Gesellschaft nicht einfach ist, soziale Lernziele zu definieren, soll dieser Versuch dennoch unternommen werden. Im Folgenden wird genauer dargelegt, welche prosozialen Einstellungen und Kompetenzen Schülern vermittelt werden müssen:

- Hilfsbereitschaft: anderen helfen, mit anderen etwas teilen, anderen etwas schenken, sich für einen anderen einsetzen, füreinander einstehen
- Friedfertigkeit: die Würde des Mitmenschen respektieren, das Recht des Mitmenschen auf körperliche und seelische Unversehrtheit anerkennen
- Kooperationsfähigkeit: mit anderen zusammenarbeiten, mit anderen spielen, Vorhaben gemeinsam planen und durchführen, Konkurrenzgefühle und Neid überwinden
- Selbstbeherrschung: Gefühle differenziert äußern, Gefühle ohne Zorn äußern, Ärger bewältigen, Bedürfnisspannungen aushalten
- soziale Sensibilität: sich in andere einfühlen (Empathie), Mitgefühl zeigen, Rücksicht nehmen, Anteil nehmen
- Selbstbehauptung: sich angemessen behaupten, sich beschweren, sich für seine Rechte einsetzen, mit Gruppendruck umgehen
- Konfliktfähigkeit: positiv streiten, Kritik konstruktiv äußern, Streit schlichten, Kompromisse eingehen, verhandeln
- Kommunikationsfähigkeit: verständlich reden, aktiv zuhören, Ich-Botschaften senden, Rückmeldung geben und annehmen, jemanden fragen, Bitten äußern
- Toleranz: eigene Vorurteile erkennen und abbauen, die Verschiedenartigkeit der Menschen respektieren
- Verantwortungsbewusstsein: Aufgaben und Pflichten übernehmen, Lebensrollen erproben
- Höflichkeit: grüßen, Danke sagen, um Erlaubnis fragen, sich entschuldigen.

In dem Maße, wie diese Ziele erreicht werden, verbessern sich auch die Sicherheitslage im Territorium der Einzelschule und das persönliche Sicherheitsgefühl der Schüler.

Handlungsebenen

Eine zentrale Erkenntnis der Schulgewaltforschung lautet, dass antisoziales Schülerverhalten das Ergebnis verschiedener Ursachen ist. Das Ursachenspektrum reicht von der Schülerpersönlichkeit bis hin zu inner- und außerschulischen Rahmenbedingungen. Dieser komplexen Ursachenkonstellation muss ein Gewaltpräventionskonzept Rechnung tragen. Das heißt, die präventiven Maßnahmen müssen auf verschiedenen Handlungsebenen stattfinden, in denen sich Gewalt erzeugende Ursachen widerspiegeln.

Schülerebene

Adressat ist auf dieser Ebene der einzelne Schüler. Die Präventionsmaßnahmen sind darauf ausgerichtet, ihn so zu fördern und zu unterstützen, dass er in sozialen Situationen konstruktiv handeln kann. Hierfür bieten sich zum einen Trainingsprogramme zur Vermittlung von sozialen Wertorientierungen und Fertigkeiten an (siehe Anhang). Zum anderen gehört zur schülerbezogenen Prävention auch die systematische Sozialerziehung in schulischen Alltagssituationen durch

- Lob und Anerkennung,
- Ermutigung und Unterstützung,
- Aufforderung und Anleitung,
- Einsichtsförderung,
- Vorleben und Vorbild,
- warnende Grenzziehung,
- sanktionierende Grenzziehung.

Klassenebene

Zwischen den Klassen kann das Ausmaß von Gewalt erheblich variieren. Es gibt relativ friedliche und ziemlich gewalttätige Klassen. Um eine aggressive Gruppenentwicklung im Klassenzimmer zu vermeiden oder zu reduzieren, bedarf es spezieller klassenbezogener Maßnahmen. Erster Schritt dieser pädagogischen Bemühungen ist die Vereinbarung und konsequente Einforderung von Verhaltensregeln. Weitere Schritte sind der Aufbau einer Verantwortungsstruktur sowie die Pflege des Gemeinschaftsgefühls durch gemeinsame Aktivitäten. Und schließlich sind auch regelmäßige Klassengespräche eine Möglichkeit, um Konflikte frühzeitig zu erkennen und konstruktiv zu lösen.

Schulebene

Der Mangel an einer prosozialen Grundhaltung sowie das Fehlen eines pädagogischen Konzepts und Konsenses fördern die Schülergewalt. Wenn eine Schule aufgrund einer Ist-Analyse solche Defizite feststellt, sind systemische Maßnahmen angesagt. Zum einen muss geklärt werden, mit welcher Grundhaltung Lehrpersonen und Schüler sich täglich begegnen. Zum anderen ist ein explizites pädagogisches Konzept notwendig. Dieses besteht aus gemeinsam erarbeiteten und getragenen pädagogischen Grundsätzen, an denen sich das pädagogische Handeln ausrichtet.

Elternebene

Familiäre Erziehungsfehler tragen in entscheidendem Maße zur Entwicklung antisozialen Verhaltens bei. Obwohl diese nicht selten in der vorschulischen Zeit beginnt, muss die Kooperationsebene Schule – Elternhaus für präventive Bemühungen genutzt werden. Möglich sind Informationen und Anleitungen zur Erziehung ohne Gewalt und Ermutigung zur kooperativen Lösung von Gewaltproblemen.

Vernetzungsebene

Gewalt kann letztlich nur wirksam vorgebeugt werden, wenn es in der Präventionsarbeit einer Schule eine Vernetzungsebene gibt. Dort werden alle am Erziehungsprozess der Schüler beteiligten Institutionen zusammengeführt – von der Jugendhilfe bis zur Polizei. Und zwar mit dem Ziel, durch Austausch und gemeinsame Aktivitäten die Zielerreichung zu optimieren.

Handlungsgrundsätze

Gewaltprävention birgt immer die Gefahr, dass aktionistisch gehandelt wird und somit die erhofften Wirkungen ausbleiben. Insbesondere dann, wenn schulische Gewaltereignisse Handlungsdruck erzeugen. Um dies zu vermeiden, sollten Grundsätze beachtet werden, die sich aus gewaltpräventiven Erfahrungen und empirischen Wirksamkeitsanalysen ergeben. An ihnen können sich die Entwicklung und die Umsetzung eines auf die einzelne Schule zugeschnittenen Gewaltpräventionskonzepts orientieren.

- Gewaltprävention braucht einen von allen Lehrpersonen getragenes Grundkonzept.
- Gewaltprävention basiert auf einer prosozialen Grundhaltung.
- Gewaltprävention verlangt einen sozialen Verhaltenskodex sowohl auf Schulebene als auch auf Klassenebene.
- Gewaltprävention bezieht sich sowohl auf physische als auch auf psychische Gewalt.
- Gewaltprävention beginnt möglichst in der ersten Jahrgangsstufe.
- Gewaltprävention ist langfristig angelegt.
- Gewaltprävention ist ein Maßnahmenbündel.
- Gewaltprävention setzt an verschiedenen Systemebenen an: Schüler, Klasse, Schule, Eltern.
- Gewaltprävention erreicht möglichst viele Schüler.
- Gewaltprävention ist didaktisch ganzheitlich ausgerichtet: kognitiv, emotional, aktional, körperlich.
- Gewaltprävention berücksichtigt jungen- und mädchenspezifische Aspekte.
- Gewaltprävention knüpft an der Erlebnis- und Lebenswelt der Schüler an.
- Gewaltprävention wird sowohl unterrichtlich als auch außerunterrichtlich praktiziert.
- Gewaltprävention bindet die Eltern ein.
- Gewaltprävention beachtet ethnische Gegebenheiten der Schüler- und Elternschaft.

- Gewaltprävention bedarf der Vernetzung mit außerschulischen Einrichtungen.
- Gewaltprävention ist im Schulleitbild und im Schulprogramm verankert.
- Gewaltprävention orientiert sich an empirisch gesicherten Erkenntnissen.
- Gewaltprävention benötigt eine Evaluation der umgesetzten Maßnahmen.

Diese Grundsätze dienen nicht nur der Misserfolgsprävention, sondern sie können auch als Kriterien verwendet werden, um die Qualität der schulinternen Gewaltprävention zu evaluieren.

Kapitel 4: Praktische Gewaltprävention

«Die Praxis ist das Haarfärbemittel für die graue Theorie.»
Aus den «Fliegenden Blättern»

Gewaltpräventive Grundsätze und Strategien bedürfen der Umsetzung in die tägliche pädagogische Arbeit. Wie dies realisiert werden kann, wird am Beispiel der Uhlandschule Kornwestheim aufgezeigt (Schulleiter Dr. Roland Bertet).

Die Uhlandschule ist eine Grund- und Werkrealschule mit etwa 750 Schülern und einem hohen Migrantenanteil (im Werkrealschulbereich etwa 80 Prozent), in der Schüler aus über 30 Nationen lernen und einen großen Teil ihres Tages leben. Im Werkrealschulbereich ist die Uhlandschule eine anerkannte Brennpunktschule, das heißt, das Kollegium arbeitet unter erschwerten sozialen Bedingungen.

Prosoziale Schulphilosophie

Schule definiert sich auch heute noch häufig über ihre Kernaufgabe, nämlich den Unterricht so zu gestalten, dass die Lerninformationen – der Lernstoff – möglichst ohne Störung von A (dem Lehrer) zu B (dem Schüler) gelangt, in dessen Großrinde optimal verankert wird und dort die Urinformation möglichst getreu repräsentiert.

Auch ist immer noch die Meinung verbreitet, dass die Speicherung dieser Informationen und deren erfolgreicher Output in ritualisierten Prüfungssituationen die Schüler zunehmend befähigt, sich in immer komplexer werdenden Lebens-, Ausbildungs- und Berufssituationen zurechtzufinden. Eine hohe Speicherkapazität des Gehirns, gepaart mit einer automatisierten und effizienten Rezitationsfähigkeit, bildet die Basis für die Zuweisung von Lebenschancen in Form von Ziffern, die angeblich die Persönlichkeit eines Schülers mit einem hohen prognostischen Wert abbilden.

Jüngere Ansätze betonen mehr die Selbsttätigkeit der Schüler und den Erwerb von Handlungskompetenzen. Dabei wird auch gesehen, dass zur Bewältigung und Gestaltung von Lebensprozessen soziale Kompetenzen nötig sind. Diese werden aber allzu oft als Nebenprodukt von Bildungsprozessen betrachtet. Deswegen taten sich auch viele Schulpraktiker in der Vergangenheit schwer, mit Sozialarbeitern in schulischen Fragen und Problemfeldern zusammenzuarbeiten, weil sie der Meinung waren (manche sind es noch immer), dass ein ordentlich ausgebildeter Schulpädagoge mit allen schulischen Konfliktsituationen selbst fertig wird und dazu auch die nötige Befähigung besitzt.

Die Entwicklung an vielen Schulen, vor allen an Hauptschulen, Brennpunktschulen, aber auch zunehmend an Realschulen und Gymnasien, hat dieses Denken verändert und den Kooperations- und Netzwerkgedanken in der Beratung und Unterstützung von Schülern und Familien stärker verankert. Es wurde von Schulpraktikern zunehmend erkannt, dass eine klientelorientierte Unterstützungspädagogik nur im Verbund mit anderen sozialen Professionen erfolgreich sein kann.

Eine erfolgsversprechende Präventionsarbeit kann also nicht in einem pädagogischen Handlungsfeld, sondern nur in einem kommunalen und/oder regionalen Netzwerk geleistet werden (siehe Kapitel «Gemeinsame Erziehungsziele – ein kommunales Projekt»).

Kinder und Jugendliche leben in den verschiedensten sozialen Subsystemen wie Familie, Kindergarten, Schule, Freundeskreis, Verein. Erziehungsarbeit im Sinne einer funktionierenden Gewaltprävention kann nur dann gelingen, wenn zwischen den wichtigsten Sozialisationsinstanzen im Netzwerk ein Wertkonsens besteht, der dann die Basis für die Erziehung in den unterschiedlichen Handlungsebenen (Kindergarten, Schule und andere) bietet. «Pädagogischen Defiziten» der Eltern in der praktischen Erziehungsarbeit muss durch kommunale Angebote, zum Beispiel in Form von Bildungsgutscheinen, die in Workshops eingelöst werden und pädagogische Kompetenz in unterschiedlichen Ebenen generieren, entgegengewirkt werden.

Diese aus dem Unterricht ausgelagerte sozialpädagogische und psychosoziale Bearbeitung schulischer Konfliktfelder findet, auch durch das Sammeln von positiven Erfahrungen vieler Schulen mit sozial determinierter kommunaler Netzwerkarbeit, immer mehr Zustimmung.

Die Koordination und Kooperation der Arbeit von Pädagogen, Psychologen, Sozialpädagogen und Jugendsachbearbeitern der Polizei zum Wohle von verhaltensauffälligen Schülern greift aber oftmals erst dann, wenn Problemlagen schon sichtbar sind bzw. die Schüler bereits auffällig geworden sind.

Erfolgreiche Prävention ist an eine frühzeitige Intervention in problematische Sozialisationsprozesse in Familie, Kindergarten und Schule gebunden. Der externe Einfluss muss sich aber im Laufe der Zeit entbehrlich machen. Dies geschieht, indem man bei den Erziehungs- und Sorgeberechtigten mithilfe des kommunalen Netzwerks und entsprechender Jugendhilfemaßnahmen Erziehungskompetenzen entwickelt, die sie befähigen, ihre Erziehungsverantwortung selbstständig wahrnehmen zu können.

Die Gewichtung der schulischen Handlungsfelder Erziehung und Bildung für die Gestaltung der Schul- und Sozialpraktika ist von den sozialen Gegebenheiten der Schüler und Eltern abhängig. Die Analyse dieses sozialen Status führt zu unterschiedlichen Schulprofilen. Erfolgreiche Lernprozesse, sozialer wie kognitiver Art, sind aber an eine positive und motivierende Lernatmosphäre gebunden, die nur über die Strukturierung und Gestaltung des Erziehungsrahmens gelingen kann.

Definition prosozialen Verhaltens

Nach Bar-Tal et al. (1980) verändert sich im Laufe der Entwicklung prosoziales Verhalten stufenweise:

1. Helfendes Verhalten wird auf Wunsch gezeigt, motiviert durch Belohnung oder Strafe.
2. Eine Autorität wünscht oder ordnet helfendes Verhalten an.
3. Helfendes Verhalten ist selbstinitiiert in Erwartung einer Belohnung.
4. Soziale Anerkennung ist die Triebfeder helfenden Verhaltens und setzt Empathie voraus.
5. Helfendes Verhalten geschieht, um später selbst Hilfe zu erhalten.
6. Altruismus wird gezeigt als helfendes Verhalten, das keinerlei Belohnung erwartet.

Je weiter Kinder kognitiv und moralisch entwickelt sind, desto bereitwilliger und in größerem Ausmaß helfen sie. Der Stand der kognitiven und moralischen Entwicklung von Kindern determiniert also das Auftreten prosozialen Verhaltens.

Diese individualistische Sichtweise muss durch eine systemische Dimension erweitert werden, nämlich durch jene, die den Erziehungsauftrag der Schulen in den Fokus der Betrachtung rückt.

Familiäre Erziehung findet immer mehr im Spannungsfeld des Spagates elterlicher Pädagogik zwischen «Laienprofessionalismus» und Delegation der Erziehungsverantwortung an staatliche Institutionen wie Kindergärten und Schulen statt. Dieser Spagat entsteht hauptsächlich durch die Veränderung familiärer Strukturen von der Kleinfamilie hin zu allein erziehenden Vätern und Müttern sowie den damit verbundenen finanziellen Zwängen des «Broterwerbs».

Die Aufgabe jeglicher Erziehung ist die «Weitergabe» jener erwünschter sozialen Verhaltensweisen, die die Gesellschaft in ihrem Bestand erhalten und andere Bereiche weiterentwickeln, ergänzen oder ersetzen, wenn sie den neuen gesellschaftlichen Standards nicht mehr genügen.

Prosoziales Lernen findet aber nicht über die Lektüre von pädagogischen oder psychologischen Ratgebern statt, sondern lerntheoretisch betrachtet über das Lernen am Modell. Als Modell dienen immer weniger die Eltern, weil deren Erziehungszeit im Vergleich zur Erwerbszeit immer geringer wird. Stattdessen fungieren die Mitarbeiter von Kindertagesstätten, Tagesmütter, Erzieherinnen, Lehrer, die «Helden» des Sports und der Play Station als Vorbilder und Modelle moderner Pädagogik.

Die Einführung der Ganztagesschule auf breiter Front verstärkt diese Tendenz zur Delegation von Erziehungsverantwortung an den Staat noch beträchtlich. Damit rückt die Verantwortung des Staates für eine umfassende Bildung und Erziehung immer mehr in den Fokus bildungs- und erziehungspolitscher Arbeit.

Erziehungsziele müssen aber eine gleichberechtigte Partnerschaft mit den bildungsthematischen Curricula in Kindergärten, Schule und Hochschule eingehen.

So wie Kinder prosoziales Verhalten am Modell ihrer Bezugspersonen lernen, Mathematik- und Physiklehrer in Theorie und Praxis auf ihre Arbeit in der Schule fachspezifisch vorbereitet werden, müssen auch die prosozialen Vermittlungskompetenzen bei Studenten der Lehrämter handlungsorientiert generiert und in quasi realen Handlungsfeldern in der Hochschule und in schulischen Praktika geübt werden. Nur dann kann die Schule als gesellschaftliches Teilsystem ihre Aufgabe zur Schaffung einer stabilen und nachhaltigen prosozialen Kultur erfüllen.

Dies ist umso wichtiger, weil nicht sichergestellt werden kann, dass die Gründe prosozialen Handelns von Menschen wirklich an der richtigen Stelle ansetzen und zu den gewünschten Erfolgen führen.

Die Schule hat damit mehrere Aufgaben bei der Verwirklichung einer prosozialen Philosophie. Sie muss im Rahmen der schulinternen Qualitätsentwicklung eine Ist-Analyse durchführen, die Aufschlüsse über folgende Fragen gibt:

- Welche sozialen Ziele wollen wir in unserer Schule konkret erreichen?
- Welche Ziele haben wir schon erreicht?
- Mit welchen Maßnahmen haben wir diese Ziele erreicht?
- Sind diese Maßnahmen auch in der Zukunft zielführend?
- Wenn nicht, was muss verändert werden?
- Welche Ziele haben wir noch nicht erreicht?
- Welche Maßnahmen müssen wir für die Erreichung der Ziele ergreifen?
- Welche Fortbildungsmaßnahmen sind dafür erforderlich?
- In welcher Zeit wollen wir welches Ziel erreicht haben?
- Brauchen wir zur Erreichung dieser Ziele externe Partner?

- Wie finanzieren wir externe Partner?
- Gibt es ein kommunales Netzwerk prosozialen Lernens?

Worauf gründen aber prosoziale Verhaltensweisen von Menschen in gesellschaftlichen Groß- und Subsystemen, aufbauend auf der kognitiven und moralischen Entwicklung, wie bereits dargestellt? Im Wesentlichen sind es drei Ansätze, die zur Beantwortung dieser Frage bemüht werden müssen (Leffelsend et al., 2004).

1. Der normative Ansatz geht davon aus, dass Menschen sich prosozial verhalten, weil dies von ihnen erwartet wird.
2. Die Reziprozitätsnorm lehnt sich an den Kant'schen Imperativ an, dem die Hoffnung innewohnt, dass einem Gutes widerfährt, wenn man selbst Gutes tut.
3. Die Motivation zu prosozialem Verhalten resultiert daraus, dass andere sich an einer erhaltenen Hilfe erfreuen.

Diese drei Ansätze müssen aber durch eine vierte Überlegung erweitert werden:

Die Notwendigkeit der Erkenntnis, dass unsere Gesellschaft nur dann in ihrem Bestand erhalten und weiterentwickelt werden kann, wenn prosoziales Verhalten in gesellschaftlichen Strukturen nicht sonntäglich beredet, sondern alltäglich gelebt wird, ist eine lebenserhaltende egoistische Ausprägung christlicher Nächstenliebe als höchster Form prosozialen Verhaltens.

Sozialer Verhaltenskodex

Der Mensch kommt nicht als soziales oder zur Gemeinschaft fähiges Wesen auf die Welt. Er muss Normen, Regeln, Vereinbarungen, soziale Fertigkeiten (im Umgang mit sich und anderen) am Modell seiner ersten und nächsten Bezugspersonen lernen. Dieses Modell hat sich in vielen Fällen aus den Kleinfamilien und den «Alleinerziehungshaushalten» verabschiedet und muss von anderen Institutionen, zum Beispiel den Kindergärten und Schulen, übernommen werden.

Ein solcher Veränderungs- und/oder Verlagerungsprozess läuft aber nicht störungsfrei ab, sondern verursacht in Familien und gesellschaftlichen Subsystemen erhebliche soziale Dissonanzen. Ein besonderes Symptom hierfür ist die Teilgruppe der hochaggressiven Kinder und Jugendlichen, die an Schulen immer wieder gewalttätig werden.

Meine Erfahrung als Schulleiter einer Brennpunktschule zeigt zudem, dass die erhoffte Erziehungspartnerschaft zwischen Elternhaus und Schule oftmals reines Wunschdenken ist und der Wertkonsens Vision bleibt.

In diesem Problembereich ist es wichtig, dass die Schule außer Sanktionen auch Hilfssysteme anbietet, die zu einer positiven und dauerhaften Veränderung des antisozialen Verhaltens führen können (siehe Kapitel «Anti-Gewalttraining»).

Firmen und Handwerksbetriebe beklagen bei Hauptschulabgängern zum einen mangelhafte Kenntnisse und Fertigkeiten in den Kulturtechniken Lesen, Schreiben und Rechnen. Zum anderen monieren sie auch in zunehmendem Maße fehlende oder unzureichende soziale Kompetenzen. Dies hat zur Folge, dass die Kopfnoten in den relevanten Bewerbungszeugnissen (Klasse 8 der Hauptschule bzw. Klasse 9 der Werkrealschule) mittlerweile eine ähnlich hohe Bedeutung haben wie die Noten in den Fächern Deutsch und Mathematik. Diese Kopfnoten enthalten keine, dem Schülerverhalten zugrunde liegende Beschreibung, das heißt es wird nicht das der Note zugrunde liegende Schülerverhalten beschrieben. Einmal so zustande gekommene «Kopfnoten» entscheiden dann oftmals über den Bewerbungserfolg. Die defizitären Sozialkompetenzen bei Kindern und Jugendlichen erfordern besondere soziale Förderbemühungen.

Schulkodex

Wer Schulentwicklung betreiben will, braucht ein Leitbild, einen Leitfaden, aus dem operationalisierte und handlungsorientierte Beschreibungen des Zielzustandes in den Bereichen Unterricht, Organisation und Personal entstehen müssen. Auf diese Bildungsphilosophie müssen sich alle schulischen Entwicklungsprozesse beziehen lassen. Schulentwicklung ist wie guter Unterricht. Jede unterrichtliche Entscheidung muss in direkter Beziehung zur Erreichung des Unterrichtszieles stehen. Jede Maßnahme im Rahmen eines Schulentwicklungsplanes muss mit dem Leitbild, mit der Philosophie dieser Schule vereinbar und kompatibel sein.

Schulentwicklung beschränkte sich in der Vergangenheit auf die drei Felder Unterricht, Organisation und Personal. Dieser traditionelle «Evaluationsdreiklang» muss aus meiner Sicht um eine Ebene erweitert werden, die der Bedeutung der Entwicklung von sozialen Kompetenzen das nötige Gewicht verleiht.

Die Entwicklung von Kommunikationsfähigkeit, Teamfähigkeit und sozialverträglichem Verhalten kann nicht – als Nebenprodukt – im Unterricht entstehen. Lernen am Modell findet zwar in allen Lebenssituationen statt, das bewusste Training spezifischer sozialer Kompetenzen ist aber an intentional geplante Lernprozesse gebunden, in denen Verhalten gezielt erlernt und in verschiedenen relevanten, geschützten Szenarien geübt und angewendet wird. Schüler brauchen für die ganzheitliche Entwicklung ihrer Persönlichkeit – also der kognitiven, personalen und sozialen Kompetenzen – einen dafür angemessenen Rahmen, der trotz der Setzung klarer Strukturen, Regeln und Grenzen Freiheit zur Anwendung, Ausgestaltung und Interpretation der jeweiligen Rollen zulässt, ja sogar unterstützt.

Die Schaffung von Orientierung in der schwierigen Zeit der Pubertät und der Selbstfindung, der stufenweisen Loslösung von der Welt der Eltern und des Hineinwachsens in die Erwachsenenwelt ist die unabdingbare Voraussetzung für das Gelingen dieser Prozesse. Jede Erziehungsinstanz, und damit auch die Schule, muss einen Verhaltenskodex definieren, der auf den verschiedenen Altersstufen seine Ausprägung erfährt. Für die Akzeptanz dieses Verhaltenskodexes ist es unbedingt erforderlich, dass alle am Schulleben Beteiligten – Eltern, Schüler, Lehrer, Schulsozialarbeiter, Sekretärinnen, Hausmeister – an der Entstehung, Formulierung, Umsetzung und prozessualen Begleitung dieser Kodexe beteiligt sind.

Damit sind wesentliche Teile eines Schulentwicklungsprozesses genannt, der als Rahmen- oder Masterplan das Dach aller einzelnen Maßnahmen in den Bereichen Unterricht, Organisation und Personal gewöhnlich bildet und durch die Sozialerziehungskomponente erweitert wurde.

Die Adaption der Inhalte des Schulkodexes auf die Ebene der einzelnen Klassen ist eine Aufgabe der einzelnen Klassen- und Fachlehrer, der Schüler einer Klassenstufe und der jeweiligen Klassenpflegschaften. Damit ist gewährleistet, dass auch auf dieser Ebene alle Betroffenen zu Beteiligten werden und somit an Entscheidungsprozessen teilnehmen und gleichzeitig Verantwortung für getroffene Entscheidungen übernehmen.

Der Wertkonsens mit den Eltern und deren praktischer Niederschlag in Form von Regeln, Vereinbarungen und Sanktionen auf Schul- und Klassenebene ist deshalb wichtig, weil nur dann eine wirkliche Kooperation in der Erziehungsarbeit zwischen Eltern und Schule stattfinden kann und Erziehung effizient und kalkulierbar für alle Beteiligten ist oder werden kann.

Die Formulierung dieser «Klassenkodexe» und die daraus resultierenden Regelungen müssen über geeignete Medien für alle Betroffenen multipliziert werden. Dafür bieten sich thematische Elternabende, Elternbriefe, Informationen auf der Schulhomepage der Schule, Veröffentlichungen in lokalen Zeitungen sowie Informationsveranstaltungen an.

Die Schul- und der Klassenkodexe haben aber keine Ewigkeitsbindung. Weil Schulentwicklungsergebnisse prozessualen Charakter haben, müssen sie in regelmäßigen Abständen auf ihre Wirksamkeit, Effizienz und Praktikabilität überprüft werden. Damit wird der Mikrokosmos Schule zum Übungsplatz für demokratisches Handeln und zum Ort, an dem demokratische Formen und Verhaltensweisen durch Diskurs und Konsensfindung zum Wohle aller Beteiligten weiterentwickelt werden.

Klassenkodex

Der Sozialkodex einer Schule ist eine notwendige, aber keine hinreichende Bedingung für eine positive Schulkultur. Was an Verhaltensvorschriften kodifiziert wird, muss von den vor Ort tätigen Menschen gelebt und in Erziehungs- und Alltagshandlungen authentisch umgesetzt werden. Die zentrale Entscheidungsinstanz für den Erfolg aller Ideen ist die Umsetzung und deren Bewährung in der Praxis.

Für die Implementierung des Sozialkodexes in die Klassenzimmer ist der Klassenlehrer verantwortlich, der den Kodex modellhaft mit Leben erfüllen muss. Folgende Vorgehensweise wird als sinnvoll erachtet:

- Informationen der Klasse über das Vorhaben, Regeln zu erarbeiten und somit das Miteinander im Klassenverband konfliktfreier zu gestalten
- Kartenabfrage bei den Schülern; Thema: «Die fünf wichtigsten Regeln unseres Zusammenlebens in der Klasse»
- Sammeln der Karten an der Tafel und Strukturierung der Inhalte
- Priorisierung der Regelvorschläge über Punktevergabe durch die Schüler
- Fixierung der Inhalte in einem «Klassengesetz» bzw. Klassenkodex
- Unterzeichnung durch alle Beteiligten (Lehrer der Klasse, Schüler, Eltern…)
- Erfolgskontrolle zu einem späteren Zeitpunkt (Haben sich die Regeln bewährt, müssen sie erneuert, verändert, ersetzt werden?)

Damit die Umsetzung des Klassenkodexes erfolgreich gestaltet werden kann, muss die Einforderung und Einhaltung der beschlossenen Regeln auf der Klassen- und gesamter Schulebene konsequent erfolgen. Hierzu ist die Entwicklung einer «Hinsehmentalität» notwendig, eine gemeinsam getragene Grundhaltung, die das Ziel hat, den Kodex in der Schulgemeinschaft vorzuleben und verhaltensauffällige Schüler für die Aneignung prosozialen Verhaltens zu motivieren.

Sozial unangemessenes Verhalten muss konsequent, sinnvoll, zeitnah und angemessen sanktioniert werden. Dem verhaltensauffälligen Schüler müssen Grenzen rechtzeitig gesetzt und vermittelt werden, damit er sich in zukünftigen Situationen verträglicher und friedfertiger verhalten kann. Im Rahmen ihrer jeweiligen Möglichkeiten muss die Schule auch in diesem Bereich Angebote machen, die aber nicht nur begleitend sein dürfen, sondern vor allem präventiv eingesetzt werden.

Chronologie der Maßnahmen zu einer prosozialen Schule

1. Erstellung eines Schulleitbildes, einer Erziehungs- und Bildungsphilosophie der Schule im Rahmen der Schulentwicklung oder Einbindung in ein schon vorhandenes Leitbild
2. Analyse des Ist-Zustandes der schulischen Sozialkultur auf Schüler- und Lehrerebene

3. Festlegung der prosozialen Erziehungsinhalte auf der Basis der Punkte 1. und 2.
4. Beteiligung von Lehrern, Schülern, Eltern und Schulpersonal , auch im Rahmen der verschiedenen Gremien (Klassenpflegschaft, Gesamtlehrerkonferenz, Schulkonferenz)
5. Schriftliche Fixierung des Schulkodexes im Bereich der Sozialerziehung
6. Adaption bzw. Transformation des Schulkodexes auf die verschiedenen Klassenstufen
7. Konkretisierung in Form von Klassenregeln und Erstellung eines spezifischen Klassenkodexes
8. Unterzeichnung des Vertrages durch alle Beteiligten in einer Klasse
9. Definition und Beschreibung von Sanktionen (aber jeweils fallbezogene Anwendung)
10. Konsequente Umsetzung des beschlossenen Regelwerks
11. Festlegung des Fortbildungsbedarfes bei Schülern (Sozialcurriculum) und Lehrern (Fortbildungsplan)
12. Aufbau eines Hilfssystems für verhaltensauffällige Schüler
13. Begleitung der Maßnahmen durch Selbst- oder Fremdevaluation.

Das Ziel einer umfassenden schulischen Sozialerziehung muss sein, dass die sozialen Fertigkeiten gestärkt werden, die für die erfolgreiche Teilnahme am sozialen und gesellschaftlichen Leben maßgeblich sind.

Meine Schule, eine kombinierte Grund- und Werkrealschule (früher Hauptschule), misst der Entwicklung sozialer Kompetenzen große Bedeutung bei. Im Folgenden wird dargestellt, welche Projekte von der Grundschule bis zu den Abschlussklassen der Hauptschule bzw. der Werkrealschule hierfür umgesetzt werden.

Gewaltprävention in der Grundschule

«Faustlos»-Klasse 1 bis 4:

Faustlos ist ein wissenschaftlich evaluiertes Gewaltpräventionsprogramm für die erste bis vierte Klasse der Grundschule (Cierpka, 2007). Das Programm fördert die sozial-emotionalen Kompetenzen in drei Bereichen:

1. Empathie
2. Impulskontrolle
3. Umgang mit Ärger und Wut

Voraussetzung für die Umsetzung sind spezifisch entwickelte Materialien und die Teilnahme an einer eintägigen Fortbildung.

«Faustlos» wird in allen Klassen der Grundschule eine Stunde pro Woche durchgeführt. Die Inhalte teilen sich auf die drei genannten Bereiche auf.

Umgang mit Ärger und Wut

Schüler lernen beim Auftreten von Ärger und Wut Selbstberuhigungstechniken, mit denen sie die aufkeimenden Gefühle kontrollieren können und die sie in die Lage versetzen, über den Konflikt emotionsfreier nachzudenken und so zu einer konstruktiven Lösung zu kommen.

Empathie

Empathie meint die Fähigkeit, die Gefühle anderer in Kommunikations- und Interaktionsprozessen wahrzunehmen, sie zu verstehen und in das zukünftige Verhalten mit einfließen zu lassen, sodass das Problem einer sozialverträglichen Lösung zugeführt werden kann.

Impulskontrolle

Das Verhaltensrepertoire der Schüler wird über das Training sozialer Verhaltensweisen erweitert, sodass in Konfliktsituationen dieses erlernte Verhalten situationsangemessen angewendet werden kann.

Anhand von Alltagssituationen, die auf Folien dargestellt werden, erarbeiten sich die Kinder die dargestellte Problematik und erkennen Parallelen zu ihrem aktuellen Leben.

Strategien zur Lösung dieser Konfliktsituationen werden über Rollenspiele handlungsorientiert erarbeitet und in das Verhaltensrepertoire der Kinder integriert.

Zunehmend werden die Klassenlehrerinnen und Klassenlehrer der Grundschule bei Bedarf durch die Schulsozialarbeiterin in Klassenkonferenzen unterstützt, in denen Verhaltensauffälligkeiten thematisiert und – wie bei «Faustlos» – über die Entwicklung von Handlungsstrategien einer Lösung zugeführt werden.

Gewaltprävention in der Sekundarstufe I

Lions-Quest in Klasse 5/6

Mit Lions-Quest wird die in der Grundschule begonnene Sozialerziehung fortgesetzt und in ihrer Thematik zunehmend spezifiziert. Es wurde in den 1980er Jahren in Amerika unter dem Namen «Skills for Adolescence» entwickelt und ist mittlerweile in über 40 Ländern der Welt in die Bildungslandschaft eingeführt worden.

Die Schüler werden von ihren speziell von Lions-Quest in einer dreitägigen Fortbildung ausgebildeten Klassenlehrern mit dem Ziel, erwachsen zu werden, unterstützt und begleitet.

Zwei Stunden pro Woche werden die sozialen Kompetenzen der Schüler im Klassenverband gezielt und intensiv in den folgenden sieben Themenbereichen geschult:

1. Ich und meine (neue) Gruppe
2. Stärkung des Selbstvertrauens
3. Mit Gefühlen umgehen
4. Die Beziehungen zu meinen Freunden
5. Mein Zuhause
6. Es gibt Versuchungen: Entscheide dich
7. Ich weiß, was ich will

1. Ich und meine (neue) Gruppe

Die Schüler kommen in der fünften Klasse aus verschiedenen, im Einzugsbereich der weiterführenden Schule liegenden Grundschulen. Mit diesem Wechsel sind oftmals Ängste verbunden, weil wichtige Bezugspersonen wie die Klassenlehrerinnen der Grundschule und die alten Freunde nicht mehr da sind. Dadurch können Trennungsängste entstehen, und die neue, meist größere Schule ruft oftmals ein Gefühl des Alleinseins und des Ausgeliefertseins hervor. Wichtige Fragen der Integration in die neue Gruppe, eine reflektierte Erkenntnis des eigenen Ich, das Kennenlernen der anderen Gruppenmitglieder und die Bedeutung der Gruppe für die eigene Befindlichkeit sind Themen dieser Einheit.

2. Stärkung des Selbstvertrauens

Weiterhin muss bei dem Übergang von der Grundschule in eine Hauptschule bzw. Werkrealschule bei einigen Kindern beachtet werden, dass eine Verlierermentalität und Versagensängste auftreten können, weil sie entweder den Bildungserwartungen der Eltern und/oder ihren eigenen Erwartungen nicht gerecht wurden.

Es gilt also zunächst verloren gegangenes Selbstvertrauen wieder aufzubauen und den Kindern den nötigen Mut zu geben, sich als eigenständige Persönlichkeit in die neue Gruppe einzubringen und gemeinsam mit den anderen Klassenmitgliedern eine konstruktive und vertrauensvolle Lernatmosphäre zu gestalten. Für einen fließenden Übergang in eine neue Phase der psychischen Entwicklung, der Pubertät, kann eine homogene Lerngruppe ein spürbares Unterstützungssystem sein.

3. Mit Gefühlen umgehen

Der Wechsel in eine neue Schule und in eine neue Klasse (nach der Grundschule) verursacht häufig Stress. Die dabei auftretenden Gefühle wirken auf Kinder oftmals sehr belastend und erzeugen Angst. Kinder lernen in dieser Einheit ihre Gefühle wahrzunehmen, sie als eine wichtige Begleiterscheinung ihres Lebens zu akzeptieren und mit Personen ihres Vertrauens darüber zu reden. Das Verarbeiten von Belastungen und die positive Kommunikation über Gefühlserfahrungen stellen eine wichtige Phase der Persönlichkeitsentwicklung dar.

4. Die Beziehungen zu meinen Freunden

Freundschaften unterliegen einem ständigen Wandel. Von inniger Verbundenheit bis zur zeitweisen strikten Ablehnung des Freundes reicht die

Palette der auftretenden Gefühle. In diesem Themenbereich geht es nicht nur um den Aufbau und den Erhalt von Freundschaften, sondern auch um Formen der Konfliktbewältigung und des Umgangs mit Enttäuschungen und Verlusten.

5. Mein Zuhause

Der Umgang mit eigenen und fremden Erwartungen ist oftmals konfliktgeladen. Werde ich den Erwartungen meiner Eltern gerecht? Sind diese Erwartungen berechtigt? Welche Erwartungen habe ich an meine Eltern? Wie gehe ich mit abweichenden Erwartungen um? Beziehungen in der eigenen Familie werden reflektiert, und über das bessere Verstehen der familiären Strukturen sollen Beziehungen verbessert und/oder Konflikte erkannt werden.

6. Es gibt Versuchungen: Entscheide dich

Die Kinder werden über Wirkungen und Gefahren der wichtigsten Suchtmittel informiert. Und es wird die Eigenverantwortung bei Entscheidungen, auch in den Bereichen «berufliche Orientierung», «Umgang mit dem eigenen Körper» und «Lebensstil» deutlich gemacht.

7. Ich weiß, was ich will

Damit persönliche Visionen Realität werden können, werden den Schülern Handlungsstrategien nahe gebracht, die ihnen die Bedeutung von Überlegung, Selbstdisziplin, Anstrengung und Geduld vermitteln.

Lions-Quest ist als offenes Curriculum konzipiert, das für Einflüsse aus den relevanten Lebensbereichen der Kinder (Elternhaus, Peer Groups, Schule) offen ist.

Anti-Mobbing-Training in Klasse 7

Auch wenn es viele Schulleiter, Lehrer und Eltern nicht gerne hören: Mobbing ist leider ein fester Bestandteil des schulischen Lebens geworden, der nicht nur eine kleine Minderheit betrifft. Um Kinder und

Jugendliche an unseren Schulen vor Mobbing zu schützen, müssen die Schulen jene Hinseh- und Hinhörmentalität entwickeln, die notwendig ist, um den Mobbern den Nährboden für ihr Handeln zu entziehen und ihnen gleichzeitig Hilfestellungen anzubieten, die die Entwicklung eines prosozialen Handelns zum Ziel haben. Doch was ist Mobbing? Das Kultusministerium Baden-Württemberg (2009) hat in seiner Infoschrift «Mobbing in der Schule» nachstehende Definition getroffen:

«Von Mobbing unter Schülern spricht man, wenn folgende Merkmale vorliegen:

- Ein Konflikt unter Schülern hat sich verfestigt.
- Einer der Beteiligten ist unterlegen.
- Der unterlegene Schüler wird mehrmals in der Woche und über einen längeren Zeitraum verbal oder körperlich von einzelnen Gruppenmitgliedern angegriffen.
- Er erhält keine Hilfe und kann die Situation nicht allein auflösen.»

In der Regel weisen Mobbingfälle in der Schule die folgenden Verhaltensweisen auf:

- Ausgrenzen aus der Klassengemeinschaft
- Beschädigen von Schulsachen, Materialien und Kleidung
- Verstecken von Kleidungsstücken
- Auslachen, Beschimpfen, Drohen
- Schubsen, Stolpern lassen, Schlagen
- Erpressen, sexuell Belästigen.

Die Auswirkungen der Schikanen werden bei Kindern und Jugendlichen mit zunehmender Dauer immer sichtbarer: Nervosität, Schlafstörungen, Depressionen, Krankheiten, Ausreden, um den Sportunterricht zu meiden, und häufiges Fehlen ohne Entschuldigung.

Was also ist zu tun, damit Schüler nicht Opfer von Mobbing werden, physische und psychische Gewalt erdulden müssen und stark darunter leiden?

Mobbing entsteht dort wo die Werteerziehung im Elternhaus und an der Schule keinen «sozialen Erfolg» hatte. Das Ziel, Mobbing zu verhindern oder zumindest dessen «Erfolg» im schulischen Raum zu begrenzen, muss durch verschiedene Maßnahmen angegangen werden.

Maßnahmen auf der Schulebene

Eine idealtypische Vorgehensweise bei der Einführung einer Anti-Mobbing-Kampagne an der Schule soll kurz beschrieben werden. Dabei ist wichtig, dass die Inhalte von allen Beteiligten in der Schule gelebt werden – auch über die Vorbildfunktion als Lehrer. Schulen befinden sich auf verschiedenen Stufen ihrer Entwicklung zu einer prosozialen Schule. Der Einstieg ist also an unterschiedlichen Stellen jederzeit möglich.

Chronologische Reihenfolge der Einführung eines Anti-Mobbing-Konzeptes auf Schulebene

1. Analyse des Sozialverhaltens der Schüler an der Schule über Fragebogen
2. Analyse der Lehrerkompetenzen im Sozialbereich zum Aufbau von Sozialkompetenzen bei Schülern
3. bei Bedarf Festlegung der Lehrerfortbildungen zur Erlangung der nötigen Kompetenzen
4. Entwicklung eines pädagogischen «Anti-Mobbing-Konzeptes» im Rahmen des Sozialcurriculums für Schüler
5. Diskussion und Beschlussfassung der Maßnahmen in den schulischen Gremien (Klassenpflegschaften, Gesamtlehrerkonferenz, Schulkonferenz)
6. Aufnahme in die Schulordnung der Schule mit der Botschaft, dass an dieser Schule Gewalt in allen ihren Erscheinungsformen keine Chance hat
7. Veränderung des Organisationsrahmens an der Schule (Pausenaufsicht, Gestaltung des Pausenhofes)
8. Installation vertrauensbildender Maßnahmen für Mobbingopfer (zum Beispiel Gesprächsbereitschaft signalisieren durch Schulleitung, Lehrer, Schulsozialarbeiter, Schülermitverantwortung(SMV)-Beauftragte, Vertrauenslehrerin).

Chronologische Reihenfolge der Einführung eines Anti-Mobbing-Konzeptes auf Klassenebene

1. Konsensbildung auf Klassenebene aller beteiligten Lehrer über die Inhalte und die Maßnahmen zur Umsetzung des Anti-Mobbing-Konzeptes
2. praktische Umsetzung des Klassenkodexes über entsprechende methodische Maßnahmen (Rollenspiele und so weiter)

3. Vergeben von «positiven Einträgen» bei prosozialem Verhalten mit Mitteilung an die Eltern (Rosabrief): dient der Festigung erwünschten prosozialen Verhaltens durch Verstärkung
4. regelmäßige Kooperation zwischen Lehrern und Eltern bei relevanten Veränderungen des sozialen Verhaltens der Schüler
5. Information der Eltern über die Inhalte des Anti-Mobbing-Programms (Themenabend, Klassenpflegschaft...).

Umsetzung des Projektes an der Schule

Anmeldung der Lehrkräfte

Die Klassenlehrer der siebten Klassen und gegebenenfalls die Schulsozialarbeiterin melden sich zur eintägigen regionalen Fortbildungsveranstaltung an.

Durchführungsphase an der Schule

Die Klassenlehrer sprechen sich mit der Schulsozialarbeiterin über die Inhalte der Projektwoche ab und führen diese selbstverantwortlich durch. Die Projektwoche wird in allen Klassen im Teamteaching zwischen Lehrkraft und Schulsozialarbeiterin durchgeführt. Über verschiedene Übungen wie Rollenspiele werden die Schüler für die Thematik sensibilisiert. Die Eigenerfahrungen sowie die Informationen und Erkenntnisse während der Projektwoche fließen in die Formulierung von Regeln ein, die die Grundlage für einen respektvollen und friedlichen Umgang im Klassenverband bilden.

Die Erfahrungen vor Ort werden nach Abschluss der Projektwoche mit der regionalen Multiplikatorin zum Erfahrungsaustausch eingebracht und für weitere Durchgänge eventuell verändert.

Für eine erfolgreiche Arbeit gegen die Macht des Mobbings ist es erforderlich, dass die Projektwoche ein ständiger Bestandteil des schulinternen Sozialcurriculums wird und damit Kontinuität erfährt. Dies hat zudem eine Signalwirkung für potenzielle Täter zur Folge, denen deutlich wird, dass Mobbing in all seinen Erscheinungsformen kein Kavaliersdelikt ist und von der Schule konsequent geahndet wird.

Zusammenfassung

1. Das Opfer hat absolute Priorität. Sein Wohl und der Schutz vor weiteren Mobbingattacken der «Täter» sind durch rechtliche, schulische, sozialpädagogische und psychologische Maßnahmen zu gewährleisten.
2. Bei den Mobbingopfern müssen Kompetenzen entwickelt und gestärkt werden, die den Opferprozess unterbinden, Ich-Stärke aufbauen und an die Täter klare Signale der Stärke und des Eingebundenseins in einen sozialen Schutzraum senden.
3. Der Täter ist auch ein «Opfer». Mobbing entsteht in einem sozialen Umfeld, in dem die Täter mit einem positiven Sozialverhalten keinen Erfolg haben können und selbst definieren, was Recht und Unrecht ist. Täter haben oftmals aufgrund ihrer körperlichen Stärke und ihrer Aggressivität Macht über schwächere Schüler, die sie entweder als Gruppenleader dominieren und beschützen oder andererseits durch Demütigungen, Herabsetzungen, Beschimpfungen und soziale Ausgrenzung schädigen.
   Neben sinnvollen Bestrafungen (die in Beziehung zu zukünftigen Hilfsmaßnahmen stehen sollten) und der dazugehörenden Signalwirkung gegenüber anderen potenziellen «Mobbern» sind die angesprochenen parallelen Hilfsmaßnahmen für die Mobbingtäter wichtig, damit zukünftiges Verhalten sozialer werden kann (z.B. Anti-Aggressionstraining).
4. Lehrer und Eltern müssen für die Mobbingproblematik durch Fortbildungen und Informationsabende sensibilisiert werden.
5. Alle Klassenlehrer der siebten Klassen erhalten eine Fortbildung mit dem Titel «Mobbingfreie Schule – Gemeinsame Klasse».
6. Die fortgebildeten Lehrer transferieren die Fortbildungsinhalte auf die jeweilige Klassenebene in einer «Anti-Mobbingwoche», die gemeinsam von Klassenlehrer und der Schulsozialarbeiterin durchgeführt wird.
7. Am Ende der Projektwoche präsentieren die Schüler ihre Ergebnisse den Eltern und Lehrern der jeweiligen Klasse in Form von Rollenspielen, Statements und Plakaten.

Die Präsentationen sind in einen kleinen festlichen Rahmen eingebettet, in dem bei Snacks, Kaffee und Erfrischungsgetränken Eltern, Schüler und Lehrer über die Thematik ins Gespräch kommen.

Kommunikationstraining

An vielen Schulen finden mittlerweile Ausbildungen von Schülern zu Streitschlichtern bzw. Konfliktlotsen statt. Dies ist Demokratie-Lernen durch Delegation von Verantwortung von Lehrern an Schüler. Schüler erwerben dadurch wichtige soziale Kompetenzen wie Empathiefähigkeit und kommunikative Fertigkeiten wie aktives Zuhören oder das Senden von Ich-Botschaften. Vor allem lernen sie, Schülern bei Streitigkeiten Hilfen zur Selbsthilfe anzubieten und Konflikte zu deeskalieren. Somit leisten sie einen wichtigen Beitrag zur Harmonisierung und Friedenssicherung im sozialen System Schule. Das Streitschlichtertraining kommt aber leider nur den wenigen Schülern zugute, die an dieser Ausbildung teilnehmen. Ein wichtiger Inhalt des Curriculums für die handlungsorientierte Umsetzung des Schul- und Klassenkodexes ist deshalb ein Kommunikationstraining, das alle Schüler einer Schule erreicht.

Schulerfolg wird wesentlich durch die Fähigkeit determiniert, an sozialen Interaktionen über Sprache teilzunehmen. An Hauptschulen, vor allem in städtischen Gegenden, «kämpfen» sehr viele Kinder mit Migrationshintergrund mit stumpfen Waffen gegen ihre spätere Konkurrenz auf dem Ausbildungsmarkt – Realschüler und Gymnasialschüler. Die Quoten des Übergangs von der Hauptschule in ein duales Ausbildungsverhältnis liegen oft unter 20 Prozent.

Soziale Qualifikationen der Schulabgänger, die für eine Übernahme in ein Ausbildungsverhältnis und für eine nachfolgende erfolgreiche Lehre nötig sind, werden durch den Ausbildungsmarkt ständig angemahnt. Viele Elternhäuser schaffen diese Aufgabe nicht. Sie sind auf Hilfe von staatlicher Seite angewiesen: Die Schule hat damit verstärkt einen Erziehungsauftrag zu erfüllen, der Erziehungs- und Sozialisationsdefizite reduziert, vorhandene soziale Stärken der Schüler stabilisiert und fördert.

Die Kommunikationsfähigkeit von Schülern kann natürlich nicht nur im Rahmen des üblichen Unterrichtes entwickelt werden. Die einzelnen Teilbereiche des Kommunikationstrainings müssen in jahrgangsspezifischen Trainingsangeboten ihren Niederschlag finden. Wenn die hierfür notwendigen Trainingskompetenzen an der jeweiligen Schule nicht zur Verfügung stehen, müssen sie extern «eingekauft» werden. Dies erfordert Fundraising. Eigentlich müssten die jungen Referendare solche Fertigkeiten von der Hochschule mitbringen. Doch dort werden aufgrund von Ausbildungsmängeln soziale Kompetenzdefizite im Verhältnis 1:1 an die Studierenden weitergegeben und schlagen sich in unprofessionellem Lehrerverhalten nieder.

Die praktische Erkenntnis, dass erfolgreiches kognitives Lernen in der Schule nur dann stattfinden kann, wenn die erzieherischen Rahmenbedingungen durch sozialkompetente Lehrer klar und eindeutig definiert wurden, ist noch kein allgemein gültiges pädagogisches Gedankengut in der Lehrerausbildung.

Es wird nun beschrieben, wie im Klassenzimmer kommunikative Kompetenzen vermittelt und geübt werden können.

Auszüge aus dem Kommunikationscurriculum Klasse 7

Das Kommunikationstraining findet in allen siebten Klassen im Klassenverband statt. Folgende Themen werden behandelt:

1. Woche:
- Wie gehen wir miteinander um?
- Regeln gemeinsam finden und formulieren
- Was ist ein Konflikt?
- Reise nach Jerusalem
- Reise nach Jerusalem – verkehrt herum

2. Woche:
Gute und schlechte Kommunikationsbeispiele
- Überkreuzkommunikation
- Analyse der Beispiele
- Merkmale guter und schlechter Gespräche – Rollenspiele

- Killerphrasen – Wann werden sie benutzt?
- Rollenspiele

3. Woche

Üben wichtiger Kommunikationstechniken

- Du-Botschaften
- Merkmale von Du-Botschaften
- Funktion von Du-Botschaften
- Konfliktvermeidung durch Ich-Botschaften

4. Woche

Ich-Botschaften

- Merkmale einer Ich-Botschaft
- Gefühle/Wünsche/Erwartungen in Ich-Botschaften

5. Woche

Körpersprache und Gefühle

- Gefühle über Intonation der Sprache erkennen und mitteilen
- verbalisierte Gefühle und Körpersprache
- Körpersprache analysieren
- «Gefühle nachbauen» – Bildhauerspiel

6. Woche

Die vier Seiten einer Nachricht

- Was will ich mit einer Nachricht sammeln? (Analyse von Beispielen)
- Rollenspiele
- eigene Beispiele kreieren und analysieren
- Übungen

7. Woche

Die Selbstmitteilungsseite einer Nachricht

- Analyse
- Übungen

Exemplarische Unterrichtseinheit: Wie entsteht ein Konflikt?

Verlaufsplanung

1. Begrüßung und Kennenlernen

- Namensliste
- Namenskleber austeilen
- Spiel «Bingo»

2. Regeln für die Gruppe

- Rollenspiel «Regeln finden»
  «Gesprächspartner B» schaut «Gesprächspartner A» nicht an.
  «B» geht während des Gespräches anderen Tätigkeiten nach.
  «B» dreht den Körper ab.
  «B» redet «A» dazwischen.
  «B» kommt zum Gespräch unpünktlich.
  «B» kaut Kaugummi.
- Analyse des Rollenspiels
- Regeln für Brainstorming:
  Die Teilnehmer schreiben ihre drei wichtigsten Regeln auf jeweils eine Karte.
  Karten sammeln und ordnen.
  Die fünf wichtigsten Regeln fixieren.

3. Auftauspiel

- sich zu Musik bewegen wie ein 16-, 20-, 40-, 50- und 60-Jähriger und dabei verschiedene Begrüßungsrituale durchführen

4. Wie entsteht ein Konflikt?

- Spiel: «Reise nach Jerusalem»
  Spielanalyse:
  Wie gewinnt man am besten?
  Welche Eigenschaften fördert dieses Spiel?
- Spiel: «Reise nach Jerusalem verkehrt herum»
  Spielanalyse:
  Wie gewinnt man hier?
  Welche Eigenschaften fördert dieses Spiel?

5. Abschluss

- Erstellen eines eigenen Konfliktbildes
- Ausblick

Material

- Film über Streitschlichtung
- Namensliste für die Teilnehmer
- Namensklebestreifen aus Kreppband
- Eddingstifte für jeden Teilnehmer
- Bingokarte für jeden Teilnehmer
- Brainstorming-Zettel (drei pro Teilnehmer)
- DIN-A3-Papier oder Tonpapier
- CD-Player mit Musik

Durchführung der Unterrichtseinheit

Begrüßung und Kennenlernen

Die Schüler sitzen im Stuhlkreis. Nach der Begrüßung und der Austeilung der Namenskleber kündigt man das erste Spiel zum Kennenlernen und Barrierenabbau an, zumal Schüler und Lehrer oft in einer Gruppe ausgebildet werden.

Spielregel «Bingo»

Jeder erhält eine Bingokarte und muss diese zunächst selbst ausfüllen, das heißt, mit ja oder nein ankreuzen. Dann beginnt das Spiel. Jetzt müssen alle gleichzeitig durch Herumfragen versuchen, so schnell wie möglich immer zwei Gleichgesinnte pro Einheit zu finden. Deren Namen schreibt man immer in die Zeilen 1 und 2. Wer zuerst alle Felder mit Namen gefüllt hat, ruft Bingo. Anschließend kann man durch Abfragen herausfinden, wer welche Ähnlichkeiten aufweist.

Regeln für die Gruppe

Die Ausbilder fragen, wie alle miteinander umgehen wollen. Was erwartet man voneinander? Dazu spielen sie in einem Rollenspiel alles vor, was unhöflich, unpassend oder unkommunikativ ist. Die Schüler geben Rückmeldung, was sie beobachtet haben. Danach soll jeder drei wichtige Regeln aufschreiben, die er für wichtig hält. Anschließend wird gesammelt, geordnet und zusammengestellt. Meistens lässt sich alles auf fünf Regeln reduzieren, die auf einem Plakat fixiert werden sollten. Die Gruppenregeln sollten von allen eingehalten werden. Anschließend gibt es eine Auflockerung: das Auftauspiel.

Spielregel «Auftauspiel»

Zur Musik laufen alle quer durch den Raum. Ein Ausbilder gibt dann das Kommando:

Stellt euch vor, Ihr seid jetzt 70 Jahre alt und begrüßt euch, indem Ihr euch auf die rechte Schulter klopft.

Stellt euch vor, Ihr seid jetzt 50 Jahre alt und begrüßt euch, indem Ihr euch die Hand gebt.

Stellt euch vor, Ihr seid jetzt 40 Jahre alt und begrüßt euch, indem Ihr euch das rechte Ohrläppchen zupft.

Stellt euch vor, Ihr seid jetzt 20 Jahre alt und begrüßt euch, indem Ihr euch mit einem Hüftschwung berührt.

Stellt euch vor, Ihr seid jetzt 16 Jahre alt und begrüßt euch, indem Ihr euch in die rechte Hand klatscht.

Um die Schüler in eine Konkurrenzsituation zu bringen, in der leicht Konflikte entstehen, lassen wir die Schüler das Spiel «Die Reise nach Jerusalem» spielen.

Spielregel «Die Reise nach Jerusalem»

Stühle werden mit den Lehnen aneinander in eine Reihe gestellt, ein Stuhl weniger als Teilnehmer sind. Dabei stehen jeweils an den Kopfenden die Stühle nach außen gekehrt. Zu Musik laufen die Teilnehmer um die Stuhlreihe, bei Musikende muss jeder so schnell wie möglich einen Platz erwischen. Wer keinen findet, scheidet aus und nimmt einen Stuhl aus dem Spiel. Wer übrig bleibt, ist Sieger.

Nach dem Spiel fragt man die Teilnehmer, wie man bei diesem Spiel wohl am besten gewinnt. Welche Eigenschaften sind nötig, um besonders weit zu kommen? Warum spielen wir ein solches Spiel? Die Schüler merken sehr schnell, dass dieses Spiel das Konkurrenzverhalten untereinander fördert, dass man hier gegeneinander arbeiten muss, und Hilfestellungen das eigene Ausscheiden bedeuten. Dies ist oft die Konstellation, aus dem spätere Konflikte resultieren.

Spielregel «Die Reise nach Jerusalem verkehrt herum»
Jetzt wird das Spiel noch einmal gespielt, aber nach einer anderen Regel. Es werden wieder alle Stühle aufgestellt, ein Stuhl weniger als Personen. Dann erfolgt die Anweisung: «Sobald die Musik ertönt, bewegt Ihr euch um die Stühle. Wenn die Musik endet, müssen alle auf den Stühlen sein und kein Fuß darf den Boden berühren.» Mit jeder Runde wird ein Stuhl weggenommen. Hier bekommen die Schüler nun keine konkrete Anweisung, wie sie dabei vorgehen sollen. Sinn und Zweck ist, dass die Teilnehmer sich als Gruppe finden, sich absprechen, Vereinbarungen treffen und so das gestellte Problem lösen, indem sie sich gegenseitig auf den Schoß nehmen, übereinander stellen, sich festhalten und so weiter. Den Ideen sind keine Grenzen gesetzt.

Bei der Spielanalyse kommt sehr schnell die Frage auf: «Wie hat euch diese Art von Reise nach Jerusalem gefallen?» Die Schüler sollen nun Unterschiede äußern und auch begründen, warum dieses Spiel mehr Spaß macht. Hierbei werden nun die Eigenschaften herausgearbeitet, die der Einzelne mitbringen sowie die Gruppe entwickeln muss, um Erfolg zu haben.

Abschluss
Damit jede Sitzung einen runden Abschluss findet, wird eine Gruppenaktivität, zum Beispiel ein Spiel, ans Ende gestellt. Die Schüler sollen, wo es sinnvoll ist, versuchen, einen Bezug zur momentanen Ausbildungssituation herzustellen. Welche Verhaltensweisen werden gefördert, welche werden unterdrückt? Könnte man das Spiel auch anders gestalten, zum Beispiel dass keiner verliert? Was macht den Reiz dieses Spieles aus?

Am Ende dieser ersten Sitzung gibt es noch eine Aufgabe. Jeder muss ein Bild mit einem eigenen Konflikt malen, das dann der Gruppe vorgestellt wird. Zum einen machen sich die Teilnehmer Gedanken, was für sie ein Konflikt ist, zum anderen wird deutlich, wie schnell und wodurch Aggressionen entstehen, zum Beispiel:

- Zu welchem Zeitpunkt war dir klar, dass es ein Konflikt ist?
- Was hat dich so aufgeregt?
- Warum konntest du es nicht ignorieren?
- Würde es dir wieder passieren?

Curriculum Klasse 8

Die kommunikative Ausbildung in Klasse 8 ist auf die Anforderungen der Hauptschulabschlussprüfung fokussiert, und zwar auf die Projektprüfung, in der die Schüler in einer Dreier- oder Vierergruppe eigenständig ein selbst gewähltes Thema bearbeiten und in einer gemeinsam geplanten Präsentation vorstellen.

In spielerischen Formen sollen sie dabei kommunikative Erfahrungen sammeln, diese verinnerlichen und dann zu gegebener Zeit abrufen bzw. anwenden. Das auf die Institution Schule bezogene Ziel der Entwicklung einer «Präsentationskompetenz» wird durch Maßnahmen erweitert, die funktional das «richtige» Verhalten während einer Bewerbungssituation beinhalten.

Inhalte des Kommunikationstrainings in Klasse 8

1. Woche
Sprache und Körpersprache

2. Woche
Atem und Stimme

3. Woche
Spontantheater

4. Woche
ausdrucksvoll sprechen

5. Woche
Ängste und Hemmungen

6. Woche
Reden und Zuhören

7. Woche
vor anderen auftreten

8. Woche
Reden halten/Präsentation vorführen

9. Woche
Bewerbungsgespräche analysieren und führen (mit Videoanalyse)

Anti-Gewalttraining

Die schulinternen Interventionen sind bei verhaltensauffälligen Kindern und Jugendlichen bezüglich ihrer Wirkung sehr beschränkt: pädagogische Gespräche mit Schülern und Eltern, Klassenkonferenzen, der übliche Sanktionskatalog von Nachsitzen bis zum generellen Schulausschluss. All dies sind eher Maßnahmen der Hilflosigkeit als sinnvolle Maßnahmen mit dem Ziel, problematisches und gewaltorientiertes Verhalten auf Dauer wirksam zu verändern. Das Anti-Gewalttraining (AGT) soll eine Alternative hierzu sein. Es ist keine Kuschelpädagogik, sondern der konfrontativen Pädagogik zuzuordnen. Die Konfrontation mit der eigenen Tätergewalt und dem Leid ihrer Opfer erzeugt eine emotionale Ausgangslage für die weitere Arbeit am Gewaltproblem. Dieses wird konsequent unter sozialen Gesichtspunkten analysiert, bewertet und gespiegelt. Der Kopf steuert das Verhalten, und für dieses ist jeder selbst verantwortlich. Die positive Bewertung körperlicher Gewalt als Dominanz-Mittel muss durch solche ersetzt werden, die sozial sind und trotzdem das Selbstwertgefühl steigern und Erfolgserlebnisse vermitteln.

Viele gewaltbereite und gewalttätige Kinder und Jugendliche haben sich mit ihrem Verhalten, zumindest in ihrem Umfeld (Peer Group, Klasse), einen Status erarbeitet, der sie glauben lässt, beliebt und akzeptiert zu sein. Das vermeintlich erfolgreiche Verhalten wird verstärkt und stabilisiert. Diese sozialen Trugbilder zu entlarven und moralische Gefühle wie Scham und Schuld zu erzeugen, ist eine zentrale Aufgabe dieses Trainings. Weitere Ziele sind:

- Vermeidung eines Schulausschlusses
- Verringerung von Konflikten
- Erlernen von Konfliktlösungsstrategien
- Stärkung des Selbstwertgefühls
- Förderung der Selbstwahrnehmung
- Förderung der Fähigkeit, eigene Gefühle zum Ausdruck zu bringen
- Schulung der Körpersprache
- Förderung der Empathiefähigkeit
- Erhöhung der Akzeptanz konstruktiver Kritik und der Auseinandersetzung mit ihr

- Förderung der Fähigkeit, selbst konstruktive Kritik zu äußern
- Erlernen von Konfliktvermeidungsstrategien
- Steigerung der Toleranzgrenze und der Selbstkontrolle
- Kanalisierung aggressiver Potenziale.

Durchführung

Das Anti-Gewalttraining wird einmal pro Schulhalbjahr angeboten, jeweils beginnend im November und im März.

Die Klassenlehrer können bis zum 13. März Schüler ihrer Klassen vorschlagen. In Absprache mit dem Trainerteam werden die Teilnehmer ausgewählt. Bei Bedarf wird eine Warteliste erstellt.

Das Training ist ein freiwilliges Hilfsangebot der Schule. Wird das Angebot aber angenommen, ist die Teilnahme verpflichtend.

Zielgruppe

Sechs bis acht Schüler aus den Klassenstufen 6 bis 8, die durch Sachbeschädigungen, massive verbale Gewalt, körperliche Gewalt, aber auch durch permanentes Stören des Unterrichtes auffallen und kurz vor Sanktionen (z. B. genereller Schulausschluss) stehen.

Teilnahme

Die Schüler werden von der Schulleitung oder den Klassenlehrern verpflichtend zum Anti-Gewalttraining angemeldet. Die Klassenlehrer informieren das Trainerteam mit einem Informationsbogen über den jeweiligen Schüler. Die Eltern werden vor Beginn über die Ziele des Trainings unterrichtet und geben ihre Zustimmung. Die Schüler schließen vor der Teilnahme am Anti-Gewalttraining einen Vertrag ab. Bei Vertragsbruch werden sie aus dem Training ausgeschlossen und die aufgeschobenen schulischen Sanktionen werden rückwirkend durchgeführt. Genauso wird verfahren, wenn sich die Schüler weigern, am Anti-Gewalttraining teilzunehmen. Bei einer erfolgreichen Teilnahme bleiben die bisherigen Klassenbucheinträge ohne Funktion und können bei weiterer Bewährung zurückgenommen werden.

Zeitlicher Umfang des Trainings

Acht Trainingseinheiten à 3,5 Stunden.

Überprüfung des Trainingserfolgs

Es finden wöchentlich Gespräche zwischen den Anti-Gewalt-Trainern und den jeweiligen Klassenlehrern statt. Damit ist eine kontinuierliche Rückmeldung über das aktuelle Verhalten der Schüler gewährleistet und auf neue auftretende Problemlagen kann schnell und effizient reagiert werden.

Von allen bisherigen Teilnehmern haben etwa 70 Prozent das Training erfolgreich absolviert, gemessen an dem Verhalten nach Ende des Trainings.

Zusammenfassung und Ausblick

Das Anti-Gewalttraining bietet Schülern, die nur ein schmales Repertoire an Sozialkompetenzen besitzen, eine gute Möglichkeit, über Reflexionen, Konfrontationen und dem Aneignen neuer Muster der Konfliktlösung prosoziales Verhalten zu erlernen. Zugleich können sie schulischen Sanktionen entgehen, indem sie das Training erfolgreich durchlaufen.

Wie an späterer Stelle genauer erläutert wird (siehe Kapitel «Outdoor-Pädagogik»), findet in Zukunft eine enge Kooperation zwischen dem Anti-Gewalttraining und der Outdoor-Arbeitsgemeinschaft statt.

Streitschlichtung

Streitschlichtung ist mittlerweile ein fester Bestandteil schulischer Gewaltpräventionsprogramme im deutschsprachigen Raum. Ziel der Streitschlichtung ist es, Konflikte, die unter Schülern aufgetreten sind und die von den Konfliktparteien nicht gelöst werden können, von neutralen Dritten moderieren zu lassen. Die Schülerstreitschlichter begleiten dabei die Konfliktparteien auf dem Weg zu einer Konfliktlösung. Sie sind keine Schiedsrichter oder Richter, sondern sie bieten Hilfe zur Selbsthilfe an, ohne selbst Lösungsvorschläge zu unterbreiten.

Die Kompetenzen für ihre Arbeit erlernen die Streitschlichter in einer etwa 30-stündigen Ausbildung, die von speziell qualifizierten Lehrern und der Schulsozialarbeiterin geleitet wird.

Die für die Schülerstreitschlichtung verantwortlichen Kollegen veranstalten zusammen mit den aktuellen Streitschlichtern zu Beginn jedes neuen Schuljahres eine Informationskampagne in den sechsten bis achten Klassen der Hauptschule. Sie besuchen jede Klasse und informieren die an der Streitschlichtung interessierten Schüler über die Inhalte der Ausbildung und die Streitschlichterarbeit an der Schule.

Kriterien zur Auswahl der Streitschlichter

Wichtige Voraussetzungen für die Arbeit als Streitschlichter sind:

- Interesse an sozialem Engagement,
- Akzeptanz in der Altersgruppe der Konfliktparteien,
- positives soziales «Grundverhalten»,
- sprachliche Kompetenz.

Interessierte Schüler und deren Eltern werden dann zu einer Informationsveranstaltung eingeladen, in der detaillierte Informationen zu Ausbildung und Einsatz vermittelt werden.

Einsatz der Streitschlichter

An unserer Schule hat es sich bewährt, dass die Streitschlichter in Konfliktfällen zum Einsatz kommen, die leichte bis mittelschwere Konfliktlagen aufweisen. Mit schweren Fällen von psychischer und physischer Gewalt sind die Schüler überfordert. Die Bearbeitung dieser Konflikte bleibt den Ausbildern, Klassenlehrern und der Schulleitung überlassen.

Die aktuell tätigen Streitschlichter werden an einer großen Plakatwand mit Foto und ihren möglichen Sprechzeiten vorgestellt. Konfliktparteien können sich den Streitschlichter ihrer Wahl aussuchen und in Absprache mit den Streitschlichtungsbeauftragten des Kollegiums einen Termin für die Streitschlichtung festlegen.

In regelmäßigen Abständen treffen sich die Streitschlichter und ihre Ausbilder, reflektieren bereits durchgeführte Streitschlichtungen und legen bei Bedarf Fortbildungen fest, um aufgetretene Schwächen beheben zu können.

Akzeptanz der Streitschlichter an der Schule

Um den Streitschlichtern eine wirklich gewaltpräventive und demokratische Funktion innerhalb der Schule zu verschaffen, muss ein «Mediationsbewusstsein» in der Schülerschaft und im Kollegium entstehen. Die Klassenlehrer propagieren in ihrer jeweiligen Klasse die Streitschlichtung, arbeiten Vorteile einer selbstständigen Konfliktlösung heraus und sorgen über ihr eigenes Vorbild für ein gewaltfreies Klassenklima. Bei kleineren bis mittleren Konflikten müssen daher, soll die Streitschlichtungskultur an einer Schule wachsen, die Streitschlichter von den Klassen- und Fachlehrern als Konfliktmoderatoren eingesetzt werden.

Bedeutung der Streitschlichtung im Kontext der Sozialerziehung an der Schule

Die Schülerstreitschlichtung kann ein wichtiges Element im Sozialcurriculum der Schule sein, wenn die bereits genannten Kriterien erfüllt sind. Allerdings ist es eine wichtige Aufgabe der Schule, allen Schülern ein soziales Kompetenztraining zu ermöglichen. Dadurch würde vielen Konflikten vorgebeugt werden. Dennoch kann Streitschlichtung einen wertvollen Beitrag zu einer gewaltfreieren Schule leisten, indem sie Verantwortung auf die Schülerebene delegiert und selbstständige Konfliktlösungen fördert.

Zusammenfassung zur Einführung bzw. Fortführung der Streitschlichtung

- Informierung der schulischen Gremien (Gesamtlehrerkonferenz, Schulkonferenz, Klassenpflegschaft)
- Einholung der Zustimmung
- Gründung eines Lehrerteams zur Einführung bzw. Begleitung der Streitschlichtung

- Planung der Einführung der Streitschlichtung
- Fortbildung des Lehrerteams zu «Streitschlichterausbildern»
- Festlegung von Kriterien der «Mediationskompetenz»
- Informierung der Klassen, Klärung von Fragen
- Informationsabend für interessierte und geeignete Schüler und deren Eltern
- Aufnahme der Schüler in die Ausbildung
- Durchführung der Ausbildung (ca. 30 Stunden)
- Vergabe der Zertifikate in einer kleinen Feierstunde
- Einsatz der Streitschlichter bei leichten bis mittelschweren Konflikten (abhängig von der individuellen Kompetenz)
- Bildung von Streitschlichtertandems (können von Konfliktparteien auch selbst gewählt werden)
- begleitende Supervision der Streitschlichtungen am Beginn
- regelmäßige Treffen zwischen Streitschlichtern und Ausbildern
- Planung von begleitenden Fortbildungen durch die Ausbilder bei Auftreten von Mängeln
- regelmäßige schulinterne Evaluation der Ergebnisse (Quantität der Nachfrage/ Qualität der Schlichtungsarbeit)
- Festlegung weiterer Ausbildungen und deren Inhalte

Benimm-Training

«Benehmen ist Glückssache», so lautet eine Redensart, die wir hoffentlich durch unser Angebot an der Schule ad absurdum geführt haben. «Gutes Benehmen» ist natürlich von den jeweils geltenden Verhaltensstandards einer Gesellschaft abhängig, deren Mitglieder ein sehr heterogenes Höflichkeitsverhalten aufweisen. Gutes Benehmen diente im Laufe der Geschichte immer auch als ein Mittel zur Abgrenzung zwischen verschiedenen sozialen Schichten, bis sich dann im 19. Jahrhundert ein Wandel zu übergreifendem Konsens hin vollzog. Mitte des 20. Jahrhunderts gerieten die «gesetzten» Standards in die Kritik, ja wurden sogar außer Kraft gesetzt. Dies hatte zur Folge, dass durch das Fehlen verbindlicher Standards eine gewisse Verhaltensunsicherheit auftrat. Positives Sozialverhalten wurde damit immer mehr zum Verhandlungsgegenstand zwischen Personen und Gruppen. «Kreative» Ergebnisse und deren Auswirkungen verspüren wir immer noch an unseren Schulen.

In den 1990er Jahren machte sich das Fehlen einer respektvollen Beziehungskultur immer mehr bemerkbar. Man hatte erkannt – auch in der Pädagogik –, dass ein Sozialleben ohne hilfreiche Rituale nicht funktionieren kann. Hauptschulen/Werkrealschulen wurden zudem mit der Schelte von Ausbildungsbetrieben konfrontiert, die bei den neuen Lehrlingen unzureichende Sekundärtugenden wie zum Beispiel Pünktlichkeit, Höflichkeit oder Zuverlässigkeit weitgehend vermissten.

Aus der Sicht einer humanistisch orientierten Pädagogik darf gutes Benehmen nicht in Form einer Verhaltensdressur vermittelt werden, die die Individualität zu sehr einschränkt. Benimm-Training muss als «Herzensangelegenheit» verstanden werden, als eine wichtige Facette eines umfassenden Sozialverhaltens, das von gegenseitigem Respekt und Akzeptanz der Menschen geprägt ist.

Die Implementierung des Benimm-Trainings ist unter der Überlegung erfolgt, dass Benehmen und Höflichkeit soziale Kompetenzen darstellen, die Ergebnisse eines Lernprozesses sind. Erwünschtes soziales Verhalten muss von den jeweiligen Bezugspersonen in Familie und Schule vorgelebt und in realen Situationen eingefordert werden. Es muss nicht nur abweichendes Verhalten sanktioniert, sondern auch erwünschtes durch Lob und Ermutigung verstärkt und stabilisiert werden.

Wenn gutes Benehmen und Höflichkeit zur Verhaltenskultur geworden sind, verbessert sich auch das Schul- und Lernklima. Lernzeiten werden durch den Wegfall von belastenden Störungen effektiver genutzt und die Schule kann verstärkt wieder ihrer Bildungsaufgabe nachkommen.

Umsetzung an der Schule

In Klasse 7 werden die Schüler in zehn Doppelstunden durch zwei externe Trainerinnen trainiert. Die Rollenspiele werden auf Video und Bildern dokumentiert, sodass in den Analysen auf reales Bildmaterial zurückgegriffen werden konnte.

Grundlagen

Über drei Leitfragen wurde die Thematik erschlossen:

1. Warum beschäftigen wir uns mit gutem Benehmen und Manieren?
2. Was macht gutes Benehmen aus?
3. Wie wollt ihr behandelt werden?

Der Einstieg erfolgte über eine Befragung vom Passanten in der Innenstadt zu dem Thema «Was ist gutes Benehmen?» Die Befragung wurde ausgewertet und mit dem eigenen Verständnis von gutem Benehmen verglichen. Besonderes Augenmerk wird auf folgende Punkte gelegt:

- kritische Aspekte im Umgang mit älteren Menschen und mit anderen Kulturen
- Höflichkeit im Verhalten zu anderen Menschen:
  - Durch welches Verhalten respektiere ich andere?
  - Wie nehme ich mein Gegenüber wahr?
- Was sind die Merkmale einer respektvollen Kommunikation?

Alltagssituationen

Durch Übungen, Rollenspiele und das kritische Betrachten von Filmsequenzen sollen Alltagssituationen in Familie, Schule, beim Arzt, in Geschäften unter dem Gesichtspunkt des «guten Verhaltens» analysiert werden.

Die zugrunde liegenden Kriterien der Analysen sind:

- Begrüßung,
- Kleidung,
- Körperhygiene,
- Handy, MP3 (wo dürfen sie benutzt werden, wo nicht?),
- Sprache,
- Verhalten,
- Umgang mit Konflikten.

Bei Tisch zu Hause, im Restaurant, in der Kantine

In Rollenspielen werden Tischmanieren analysiert und beschrieben. Bereits positives vorhandenes Verhalten wird verstärkt. Zu kritikfähigem Verhalten der Schüler werden Alternativen entwickelt und in Rollenspielen trainiert. Am Ende der Einheit besuchen die Schüler gemeinsam mit ihren Ausbildern ein Restaurant und wenden dort die neu erworbenen Kenntnisse und Verhaltensweisen in einer realistischen konkreten Situation an.

Telefon- und Vorstellungsgespräch

Ausgehend vom Verhalten in szenischen Rollenspielen unter quasi realen Gegebenheiten werden die beobachtbaren Verhaltensweisen besprochen, bewertet und Alternativen entwickelt. Positives Verhalten wird so verstärkt, während sozial abweichendes Benehmen gelöscht wird. Im Bereich der Vorstellungsgespräche werden wichtige Elemente thematisiert und einer eingehenden Analyse unterworfen, wie zum Beispiel die Vorbereitung eines Vorstellungsgespräches, die Verwendung der Sprache und Körpersprache sowie die Auswahl der Kleidung.

Im schriftlichen Verkehr

Das Schreiben und Gestalten von Briefen und E-Mails bei verschiedenen Anlässen wie Bewerbungen, Anfragen oder Beschwerden wird intensiv besprochen und geübt.

Einbeziehung der Eltern

Die Eltern werden am Ende des Kurses zu einem Elternabend eingeladen, an dem sie über die Inhalte und die Veränderungen des Benehmens ihrer Kinder informiert werden. Bild- und Videomaterial über den Kurs unterstützt diese Information.

Evaluation

Der Trainingserfolg des Kurses wird in schriftlichen Tests, Rollenspielen und in konkreten Situationen (Restaurantbesuch) handlungsorientiert bewertet.

In Klasse 8 wird das Benimm-Training nochmals angeboten. Die Ergebnisse des ersten Kurses fließen in die neue Planung ein, um die intendierten Verhaltensweisen der Schüler weiter zu stabilisieren.

Zusammenfassung

- Benimm- oder Höflichkeitstrainings sind Teil einer umfassenden Sozialerziehung und sind mit dem Verhaltenskodex der Schule und dem jeweiligen Klassenkodex verknüpft.
- Höfliches Verhalten wird in geplanten Lernprozessen intentional und handlungsorientiert vermittelt und erarbeitet.
- Bezugspersonen in Familie und Schule müssen die geforderten Verhaltensweisen authentisch vorleben.
- Von den Schülern wird höfliches Verhalten stetig eingefordert.
- Die Schüler erhalten Rückmeldung über ihr Benehmen und werden für positives Verhalten verstärkt.
- Die Eltern werden mit «grünen» Briefen über das positive Verhalten ihrer Kinder schriftlich oder in Gesprächen informiert.
- Gutes und höfliches Verhalten und Benehmen erzeugt eine angenehme und harmonische Lernatmosphäre, weil Schüler und Lehrer sich mit Respekt begegnen.

Schulsozialarbeit

Schulsozialarbeit als eine Form der Kooperation zwischen Jugendhilfe und Schule hat sich an meiner Schule zu einem unverzichtbaren Stützsystem entwickelt. Ihre spezifischen Aufgaben und ihre Bedeutung für die Schule sollen im Folgenden dargestellt werden.

Schulsozialarbeit war in der Vergangenheit ein Service, der bei vielen Pädagogen zunächst auf wenig Akzeptanz stieß, weil sie als eine Einmischung in die primäre pädagogische Arbeit interpretiert wurde. Mit der Implementierung der Schulsozialarbeit ist der Blick auf die Lebensprobleme von Schülern und Eltern professionalisiert und erweitert worden. Voraussetzung für eine effiziente Zusammenarbeit ist allerdings, dass sich Lehrer und Schulsozialarbeiter als Team verstehen, das einem gemeinsamen Ziel verpflichtet ist, nämlich die Lebens- und Lernbedingungen von Kindern und Jugendlichen zu verbessern. Durch Schulsozialarbeit wird das Aufgabenspektrum der Institution Schule erweitert bzw. vertieft. Im Hinblick auf die Kommunalisierung von Sozial- und Erziehungsarbeit (siehe Kapitel «Gemeinsame Erziehungsziele – ein kommunales Projekt») hat die Schulsozialarbeit im Netzwerk eine wichtige Kooperationsaufgabe. Sie ist auch Kontaktbrücke zu relevanten Netzwerkpartnern (zum Beispiel Polizei, Vereine, Jugendamt). Schulsozialarbeit arbeitet sowohl präventiv als auch interventiv.

Präventive Aufgaben

- Streitschlichterausbildung von Schülern zusammen mit Lehrern
- Einführung und Durchführung von Klassenratssitzungen zur Bearbeitung wichtiger Klassenprobleme
- Mitwirkung an der Anti-Mobbingwoche für die siebten Klassen
- Mitwirkung bei der Durchführung von Kommunikationstrainings
- Anti-Gewalttraining
- vertrauliche Gespräche mit Schülern, Eltern und Lehrern
- Vorbereitung und Durchführung von Veranstaltungen zur Drogen- und Suchtprophylaxe
- Elternschule «Starke Eltern» (Erziehungskompetenz entwickeln und stärken)
- Mitwirkung bei Gesprächen zwischen Schulleitung, Eltern und Schülern
- Zusammenarbeit mit dem Jugendzentrum der Stadt Kornwestheim

Interventive Aufgaben

- Gespräche mit Eltern, Schülern und Lehrern bei Anzeichen einer Sozialverhaltensstörung
- Unterstützung von Schulleitung und Lehrern bei Anhörungen, Elterngesprächen
- Einleitung von Jugendhilfemaßnahmen
- Beratungsgespräche mit Eltern

Outdoor-Pädagogik

Unter den Gesichtspunkten des gemeinsamen Handelns, des gegenseitigen Unterstützens und der kooperativen Grundausrichtung werden Outdoor-Aktivitäten handlungsorientiert angeboten und praktiziert. Die Schüler sammeln dabei einzeln und in der Gruppe Erfahrungen, um ihren Körper und ihre Psyche in nicht alltäglichen Situationen besser kennen und verstehen zu lernen. Dadurch stärken und festigen sie ihr Selbstwertgefühl und entdecken Alternativen zu passivem Freizeitverhalten.

Das direkte Erleben erlebnispädagogischer Aktionen und die intensive Reflexion in der Gruppe können in den Alltag übertragen werden und neue Handlungsmuster erzeugen.

Ziele der Outdoor-Pädagogik

Für den Einzelnen:

- Wertschätzung lernen
- Toleranz lernen
- Rücksichtnahme entwickeln
- Empathie erfahren und anwenden
- mit Nähe zu anderen umgehen können und sozial vertretbar Distanz schaffen
- Eigenverantwortung übernehmen
- Mehrheitsentscheidungen akzeptieren
- eigene Verhaltensweisen erkennen und reflektieren

Für die Gruppe

- Offenheit und Vertrauen zueinander entwickeln
- gemeinsam planen und in Handlung umsetzen
- Abenteuer und Spiel gemeinsam erleben
- Umgang mit Risiken erlernen
- Problemlösungen erarbeiten
- Kompromissbereitschaft bei Lösungen entwickeln
- Kooperations- und Kommunikationsfähigkeit fordern und fördern

Praktische Umsetzung

Die Umsetzung der aufgelisteten Individual- und Gruppenziele erfolgt handlungsorientiert auf verschiedenen Ebenen und in Form von Spielen, die sowohl in Hallen als auch in der freien Natur stattfinden können:

- **Kennenlernspiele:** Diese haben das Ziel, Hemmungen abzubauen, sich gegenseitig kennen zu lernen und eine positive Grundatmosphäre zu schaffen.
- **vertrauensbildende Spiele:** Wer Vertrauen erfahren hat, kann sich auf Situationen einlassen, die alleine nicht zu bewältigen sind.
- **Kommunikations- und Kooperationsspiele:** Die Lösung gemeinsamer Probleme ist an eine intensive Kooperation und Kommunikation der beteiligten Partner gebunden. Vorschläge müssen eingebracht, diskutiert, abgewogen und ausgewählt werden. Die Umsetzung der gefundenen Lösungen wiederum basiert auf dem systematischen und effizienten Einsatz aller vorhandenen Ressourcen.
- **Outdoor-Aktivitäten:**
  - Klettern im Indoor-Bereich (Top Rope): Die Schüler sichern sich gegenseitig.
  - Biwakieren: Mit dem Schlafsack unter freiem Himmel Lagerfeuerromantik pur erleben (wird am Wochenende durchgeführt).
  - Floßbau: Mit einem selbstgebauten Floß auf der Enz unterwegs.
  - Bootstouren: Im Gleichschlag ans Ziel. In Verbindung mit dem Floßbau.
  - Schneeschuhwandern: Die Stille im Wald und die Natur hautnah erleben.
  - Höhlen erkunden: Ungewohntes erleben und mit ungewöhnlichen Situationen umgehen.
  - Orientierungstour: Im Umgang mit Karte und Kompass Etappenziele finden.
  - Fahrradtour: Kartenverständnis und Ausdauer sind gefordert.
  - Geländespiele: Schnitzeljagd, Schatzsuche und Foto-Ralley
  - Seilaktionen: Bachüberquerungen trockenen Fußes
  - Brückenbau: mit Säge, Seil und vereinten Kräften an das gegenüberliegende Ufer gelangen
  - Hochseilgarten: mit den Vögeln auf Augenhöhe

- Nachtwanderung durch das mystische Monbachtal
- Dreitageswanderung auf der Schwäbischen Alb: Rucksack, Schlafsack, Lagerfeuer, täglich dreimal warmes Essen

Für alle Aktivitäten ist obligatorisch, dass intensive Vor- und Nachbesprechungen stattfinden, in denen die Kompetenzen eingefordert werden, die in den Zieldimensionen für Individuum und Gruppe formuliert wurden.

Die Gruppengespräche des gemeinsam Erlebten führen allen Beteiligten getroffene Entscheidungen, Stärken und Schwächen des eigenen Verhaltens vor Augen. Offenes und an der Sache orientiertes Feedback ist deshalb für viele Jugendliche wichtig, weil es ihnen teilweise sehr schwer fällt, über das eigene Verhalten zu reflektieren und Kritik an der eigenen Person zu akzeptieren. Kommunikatives Verhalten wird so in realen Situationen eingeübt und ist in seinen Ergebnissen direkt erfahrbar.

Ausblick

Kinder und Jugendliche, die am Anti-Aggressionstraining teilnehmen (müssen), sollen in Kooperation mit der Outdoor-Arbeitsgemeinschaft ihr Sozialverhalten zusätzlich verändern lernen. Voraussetzung für eine gelingende Kooperation ist, dass die jeweiligen Leiter der Maßnahmen entsprechende Schüler auswählen, ein spezifisches Programm entwerfen und dieses dann mit Genehmigung der Eltern anbieten.

Kooperation mit den Eltern

Erziehung kann nur im Dialog zwischen allen am Erziehungsprozess Beteiligten stattfinden. Weil aber viele Eltern nicht an einem Erziehungskonsens mit der Schule interessiert sind, müssen soziale und kognitive Lernprozesse von der Schule so geplant werden, dass die Abwesenheit der Elternmitwirkung das Projekt nicht gefährdet. Kooperationsbereite Eltern müssen aber mit «ins Boot» genommen werden. Deshalb bieten wir einen Elternkurs mit dem Titel «Starke Eltern» an, in dem folgende Ziele verfolgt wurden:

- Es wird ein pädagogisches Leitbild mit definierten Erziehungszielen erstellt, das Grundlage ist für praktisches Erziehungsverhalten in relevanten Alltagssituationen.
- Die Eltern sollen in die Lage versetzt werden, ihren Kindern innerfamiliäre Hilfen für schulische und private Problembereiche anzubieten (Konfliktmanagement, Regeln gemeinsam erstellen, konsequente Haltung in der Erziehung, Hausaufgaben betreuen, Zeitmanagement).
- Durch die gemeinsame Arbeit an der Entwicklung eines Werte- und Erziehungskonsens wird die Zusammenarbeit zwischen Schule und Elternhaus vertrauensvoller und effizienter.
- Kursinhalte werden in der Klassenpflegschaft multipliziert, um weitere Eltern zu motivieren, diesen Weg zu gehen.

Nachhaltigkeit bzw. Effizienz

Der Erfolg dieses Angebotes lässt sich an mehreren Parametern ablesen:

- positive Verhaltensänderungen der Schüler aufgrund der gemeinsamen pädagogischen Arbeit: Der Konsens in Erziehungsfragen und die Verbesserung der elterlichen Erziehungsarbeit führen im Erfolgsfalle zu einem zunehmend prosozialen Verhalten.
- Anzahl der «pädagogischen Kontakte» zwischen Eltern und Lehrern: Das Kursende ist der Beginn einer verstärkten Zusammenarbeit und darf keine singuläre Erscheinung bleiben. Hier ist auch eine Veränderung in der Informationskultur der Schule notwendig. Die Schule darf nicht nur dann mit den Eltern Kontakt aufnehmen, wenn Verhalten kritisiert wird. Der Aufbau prosozialen Verhaltens benötigt fortlaufende positive Rückmeldungen an die Schüler und deren Eltern, wenn dieses Verhalten in relevanten schulischen Situationen beobachtet wurde.
- Gewinnung von neuen «Elternschülern», die bereit sind, Erziehung gemeinsam mit der Schule aktiv zu gestalten.

Berufswegeplanung

Ein wichtiges Mittel der Gewaltprävention ist die Förderung der Ausbildungsfähigkeit und der Ausbildungsplatzsuche. Wer nach Beendigung der Schulzeit übergangslos eine Anbindung an den Ausbildungssektor findet, vermeidet Sinnfrustrationen und stärkt sein Selbstwertgefühl. Somit hat er es nicht nötig, ein kompensatorisches Fehlverhalten zu entwickeln. Deshalb ist die Entwicklung verwertbarer Sach- und Sozialkompetenzen für den Ausbildungsbereich von großer Bedeutung.

Viele Schüler der Hauptschule haben momentan kaum eine realistische Chance, sich gegenüber Realschülern und Gymnasiasten auf dem Ausbildungsmarkt zu behaupten. Sie haben letztlich nur dann eine Chance, wenn sie sich mit ihrer Persönlichkeit ganzheitlich «präsentieren» können. Diese Möglichkeiten bieten Bildungspartnerschaften mit Betrieben, die mit Schulen Kooperationen eingehen, um Schülern frühzeitig Erfahrungen im Ausbildungs- und Berufsbereich zu ermöglichen.

Deshalb bieten wir unseren Schülern ein weites Feld an, damit sie ihre erworbenen Sach- und Sozialkompetenzen erproben und ausbauen können.

Die Schüler wählen zwischen den folgenden Angeboten zwei aus, die sie dann jeweils halbjährlich durchlaufen:

- Werkstattangebot in der Schule
- Schulbäckerei
- Tagespraktikum in Deutschlands größter Malerfirma
- Sozialpraktikum in städtischen Kindergärten

Angebote in Klasse 8 – Schulinterne Angebote

Werkstatt

In der Werkstatt wird überwiegend mit dem Werkstoff Holz gearbeitet. Die Schüler lernen den richtigen Umgang mit Werkzeug und Maschinen. Die Schüler stellen kleine Werkstücke her, die auf dem Weihnachtsmarkt beziehungsweise auf dem Wochenmarkt verkauft werden. Zu den Aufgaben gehört es auch, den Materialpreis und den Verkaufspreis zu berechnen und die Produkte ansprechend zu präsentieren.

Schülerfirma – Schulbäckerei

Die Schülerfirma ist ein Element des berufsorientierten Unterrichts der Schule. Das Ziel der Firma ist der Erwerb von Basiskompetenzen, die für den Übergang in den Beruf wichtig sind. Entwicklung von Eigeninitiative, Teamfähigkeit, Kommunikationsfähigkeit, Zuverlässigkeit und Umgang mit Geld sind nur einige dieser Kompetenzen.

In unserer Uhland-Bio-Backstube stellen die Schüler die Backwaren her, die für das Pausen-Catering benötigt werden. Die Produkte werden verkauft und über die Buchführung dokumentiert (siehe Tabelle 4-1). Kundenbefragungen, Marktanalyse und die Auseinandersetzung mit ge-

Tabelle 4-1: Schülerfirma-Angebot

Produkt	Preis
Brötchen	–,40 €
Seelen	–,50 €
belegte Brötchen	–,90 €
belegte Seelen	1,10 €
Pizzabrötchen	–,70 €
Fleischkäsebrötchen	–,90 €
Nussschnecken	–,70 €
Mohnschnecken	–,70 €
Schokohörnchen	–,70 €
Auf Bestellung liefert die Backstube (z. B. für Gemeinderatssitzungen, öffentliche Veranstaltungen):	
Hefekranz	kg/4,80 €
Nusszopf	kg/8,80 €
Mohnzopf	kg/6,80 €

sunder Ernährung sowie die gewissenhafte Einhaltung der Hygienevorschriften gehören ebenfalls zum Aufgabengebiet der Mitarbeiter (Schüler).

Externe Angebote, teilweise über Bildungspartnerschaften

- mit der Stadt: Tagespraktikum der achten Klassen in städtischen Kindergärten
- mit einem Betrieb aus der Region, mit dem wir eine Bildungspartnerschaft eingegangen sind: drei bis fünf Schüler aus jeder Klasse absolvieren ein Tagespraktikum
  - Montag: Klasse 8a
  - Dienstag: Klasse 8b
  - Mittwoch: Klasse 8c
  - Donnerstag: Klasse 8d

Weitere Praktika:

- zweiwöchige Berufspraktika
- Informationsveranstaltungen und Individualberatungen der Agentur für Arbeit
- Berufs- und Lebensplanungsseminar für Mädchen und Jungen getrennt

Gemeinsame Erziehungsziele – ein kommunales Projekt

Kinder und Jugendliche vor antisozialem und kriminellem Handeln zu bewahren, ist und muss ein Ziel aller sein, die sich aktiv mit Erziehung beschäftigen. Zu diesem Personenkreis gehören Eltern, Kindergärtnerinnen, Lehrkräfte, Trainer und Übungsleiterinnen in Vereinen, Beschäftigte in Kirchen, in der Sozialarbeit, in der Jugendarbeit. In diesem erzieherischen Ensemble spielt die Familie die wichtigste Rolle. In ihr erwerben die Kinder grundlegende Orientierungs- und Verhaltensmuster. Das elterlich vermittelte Ausstattungspaket kann den Ansprüchen wichtiger gesellschaftlichen Gruppen (Schule, Betriebe, Staat, und so weiter) entsprechen oder defizitär sein. Stimmt das Ergebnis elterlicher Erziehungsarbeit nicht mit den externen Ansprüchen überein, entstehen Konflikte auf den verschiedensten Beziehungsebenen.

Erziehung in unserem Sinne bedeutet nun nicht, Konflikte jeglicher Art an ihrer Entstehung zu hindern oder die Kinder und Jugendlichen vorbehaltlos an bestehende Strukturen anzupassen, sondern die Menschen zu befähigen, mit diesen Konflikten konstruktiv umzugehen und sie gemeinsam aus eigener Kraft zu lösen. Erziehung ist dann erfolgversprechend, wenn die verschiedenen Sozialisationsinstanzen (Familien, Kindergärten und so weiter) identische Erziehungsziele verfolgen und dies möglichst früh geschieht.

Die Kriminalprävention in Kornwestheim hatte sich die Aufgabe gestellt, die verschiedenen Erziehungsorte zu vernetzen und einen erzieherischen Grundkonsens der am Sozialisationsprozess beteiligten Instanzen zu finden.

Frau Stier, Rektorin der Schiller-Grundschule und der Autor, damals Lehrer an der Uhlandschule (Grund- und Hauptschule mit Werkrealschule, GHSWRS) und Pädagogischer Berater am Staatlichen Schulamt Ludwigsburg, initiierten dieses Projekt. In einer ersten Zusammenkunft mit Vertretern aller Vereine, Schulen, Kirchen, der Polizei, sozialen Einrichtungen und der Stadt Kornwestheim entstand ein Grundkonsens von Erziehungszielen, der die Basis für die weitere Arbeit war:

- Respekt vor dem Anderen
- seinen Platz in der Gemeinschaft suchen
- Eigenverantwortung übernehmen
- mit Konflikten umgehen können
- Leistung erbringen wollen

Die verschiedenen Institutionen machten es sich zur Aufgabe, diese Ziele in ihrem Bereich zu diskutieren, nach Umsetzungsmöglichkeiten zu suchen und diese mit konkreten Inhalten zu füllen. Beispiel: Wie lässt sich das Erziehungsziel «Respekt vor dem Anderen» in der fünften oder achten Klasse, in Vereinen bei der F- oder B-Jugend in Erziehungshandlungen umsetzen und welche Probleme entstehen dabei?

Die Umsetzungsproblematik und die bisherige Sanktionspraxis sollten von den verschiedenen Erziehungseinrichtungen unter den folgenden Fragestellungen bearbeitet werden:

- Mit welchen Problemen haben Sie in ihrer Gruppe/Klasse zu kämpfen?
- Welches sind die größten Probleme?
- Welche konkreten Regeln bestehen in Ihrer Klasse/Gruppe?
- Welche Sanktionen ergreifen Sie bei Nichteinhaltung der vereinbarten Regeln?
- Wie wirksam sind diese Sanktionen?

In einem Workshop, der von einem externen Moderator geleitet wurde, entstanden sich aus diesen Problemstellungen vier Arbeitsgruppen:

Erziehung

Aufgabe: Was kann man bei Erziehungsproblemen in den verschiedenen Institutionen tun?

Ergebnisse:
- gemeinsame, institutionsübergreifende Fortbildungen durch Aktivierung eigener Ressourcen
- Fortbildung durch externe Fachleute

Elternarbeit

Aufgabe: Wie können Eltern an der Umsetzung der Erziehungsziele in der Familie unterstützt werden? Welche Hilfen kann die Kommune an pädagogischer Unterstützung für Eltern anbieten?

Ergebnisse:
- «Elterngutscheine» für pädagogische Beratung und qualifizierende Trainingsseminare zu Erziehungsfragen
- Begleitung und Unterstützung der Eltern im Erziehungsprozess durch Pädagogen und Sozialarbeiter

Information/Kooperation

Diese Gruppe ist die zentrale Anlaufstelle für alle Informationen aus den einzelnen Gruppen und der Koordinationsstelle für zukünftige Maßnahmen und Fortbildungen.

Eine Weiter- bzw. Fortbildungsmaßnahme, die sich aus der Koordinierung der Informations-/Koordinierungsstelle ergibt, ist die Ausbildung von Streitschlichtern.

Raster für die Implementierung eines kommunalen Projektes zur Initiierung prosozialer Verhaltensweisen in sozialen Einrichtungen

- Initiatoren (Einzelpersonen, Gruppen, Stadtverwaltung) werden im Rahmen von Prozessen und Entscheidungen (zum Beispiel lokale Agenda, Leitziele der Kommune) aktiv und entwickeln erste Gedanken und Zielvorstellungen über die Inhalte des kommunalen Projektes.
- Einladungen an potenzielle und relevante Kooperationspartner innerhalb der Kommune werden versendet (Schulen, Kindergärten, Vereine, Polizei, Sozialeinrichtungen, Elternvertreter, Schülervertreter).
- Das Initiationsteam strukturiert erste Diskussionen über Ziele, Motive, Methoden und Vorgehensweisen in den unterschiedlichen Institutionen durch Großgruppenmethoden (Brainstorming, Zukunftswerkstatt).
- Ergebnisse werden gesichtet, in Themenbereiche geordnet und strukturiert.
- Eine Organisationsstruktur wird gebildet mit Steuergruppe und thematisch ausgerichteten Untergruppen.
- Arbeitsinhalte der einzelnen Gruppen werden festgelegt.
- Personale, inhaltliche und zeitliche Absprachen werden getroffen und Verantwortlichkeiten festgelegt (Wer macht was mit wem bis wann?).
- Jede Arbeitsgruppe stellt fest, ob netzinterne Ressourcen vorhanden sind oder externe Fachleute hinzugezogen werden müssen.
- Fragen der Finanzierung müssen beantwortet werden.
- Eine zentrale Datenerfassungs-, Sammel- und Verteilerstelle wird geschaffen, bei der alle relevanten Informationen der verschiedenen Arbeitsgruppen zusammenlaufen und dort auch abrufbereit sind (Internetverwaltung,...).
- Die praktische Umsetzung in den verschiedenen Einrichtungen wird evaluiert.
- Es wird eine Feedbackkultur als wichtiges Element der strukturimmanenten Entwicklung implementiert.

Ausblick

Die Stadt Kornwestheim hat in einer Klausurtagung im Juli 2010 zum Thema «Leitziele bis zum Jahr 2025» das dargestellte Projekt «Gemeinsame Erziehungsziele» wieder zum Leben erweckt. Nach anfänglicher guter Umsetzung der Ergebnisse der verschiedenen Arbeitsgruppen scheiterte das Projekt letztlich daran, dass es nicht gelang, die entstandenen Strukturen dauerhaft in kommunale Verantwortung zu überführen, zu personifizieren sowie weitere Prozesse moderierend zu initiieren und Vorhandenes am Leben zu erhalten.

Der Versuch, die «gemeinsamen Erziehungsziele» zu reanimieren, lässt mich hoffen, dass der Netzwerkgedanke zukünftig mit längerem Leben und sinnvollen Projekten erfüllt und praktiziert wird.

Sport als Partner zur Initiierung prosozialen Verhaltens

Die Initiierung prosozialen Verhaltens und deren Umsetzung in den Alltag darf nicht nur auf die Schule beschränkt bleiben, sondern sollte idealtypisch betrachtet in möglichst alle relevanten sozialen Systeme hineinreichen. Außerhalb des Familien- und Schulbereichs bietet der Vereinssport eine günstige Gelegenheit, sportliche, pädagogische und soziale Ziele zu verbinden. Die Kompatibilität der Werte der praktischen Pädagogik in verschiedenen sozialen Systemen stützt das relevante Erziehungssystem und gibt den Teilnehmern Orientierung und Sicherheit.

Das nachfolgende ESG-Konzept 2000 des Vereins Eisenbahnersportgemeinschaft (ESG) Kornwestheim hatte mit der Hauptschule und der städtischen Sozialeinrichtung «Bolzstraßentreff» wichtige Kooperationspartner.

Das Landeskriminalamt Baden-Württemberg unterstützte das Projekt, indem es die Kosten für das Drehen eines Lehrfilms über das ESG-Konzept übernahm. Der Autor schrieb das Drehbuch und das Landeskriminalamt drehte den Film und schnitt ihn professionell.

Rahmenbedingungen

Die Jugendabteilung der früheren ESG Kornwestheim (heute: SV Salamander Kornwestheim) hatte mit zahlreichen Problemen auf dem Vereinsgelände zu kämpfen. Von etwa 240 aktiven Kindern und Jugendlichen hatten 90 Prozent einen Migrationshintergrund. Vor allem diese Jugendlichen waren es, die das größte Konfliktpotenzial in der jüngsten Vergangenheit bargen. In der Anfangszeit verursachten vor allem die B- und A-Jugendlichen die größten Probleme:

- Spielabbrüche, weil Spieler den Schiedsrichter beleidigten oder sogar schlugen
- zahlreiche (zu viele) Platzverweise wegen Schlägereien und grob unsportlichen Verhaltens
- Vandalismus auf dem ESG-Gelände (Einbrüche, Verwüstung von Geschäftsräumen und so weiter).

Vorfälle dieser und ähnlicher Art sorgten schließlich dafür, dass im Spieljahr 1994 die B-Jugend vom aktiven Spielbetrieb zurückgezogen wurde.

Grundsätzlich standen zwei Wege offen, die Missstände zu beheben:

- die Jugendlichen, die in der beschriebenen Weise auffällig wurden, aus dem Verein auszuschließen und somit das Problem nur räumlich zu verlagern (in die Stadtmitte, Bahnhof…) oder
- sich den Jugendlichen und ihren Problemen zu stellen und versuchen, Schwierigkeiten und Konflikte auf verschiedenen Ebenen gemeinsam zu lösen.

Wir entschlossen uns, den schwierigeren Weg zu wählen, der aber unter dem Aspekt der sozialen Verantwortlichkeit für uns der einzig mögliche und sinnvolle war und ist.

Meine Aufgabe bestand zunächst darin, ein Konzept zu entwerfen, das erzieherische, soziale und sportliche Ziele miteinander verband. Mit der Umsetzung dieser Konzeption sind ehrenamtlich tätige Übungsleiter im Jugendbereich zeitlich und inhaltlich überfordert. Sie brauchen Hilfestellungen und fachliche Kompetenz, um die bestehenden Probleme im erzieherischen, sozialen und sportlichen Bereich bewältigen zu können.

Die Stadt Kornwestheim stellte zur Bewältigung dieser Aufgaben einen hauptamtlichen Sportlehrer ein, der mit mir gemeinsam das ESG-Konzept 2000 umsetzte. Hierbei handelt es sich um den ehemaligen Berufsfußballer und Inhaber der DFB-Bundesligatrainerlizenz Detlef Olaidotter.

Am ersten Juni begannen Detlef Olaidotter und ich mit unserer Arbeit.

Sozialarbeit ist nach unserer Ansicht umso erfolgsversprechender, je attraktiver das Sozialisationsmedium für die Klientel ist. Während Sozialarbeiter und Streetworker Wege der Annäherung an ihre «Arbeitsgruppe» meist erst finden müssen, übt der Fußballsport auf viele Kinder und Jugendliche höchste Anziehungskraft aus, insbesondere auch auf solche, die durch familiäre und soziale Umstände Schwierigkeiten haben, sich in eine Gemeinschaft zu integrieren oder Konflikte gewaltfrei zu lösen.

Das «Jugendkonzept 2000» der ESG Kornwestheim versuchte Jugendlichen Orientierungshilfen über das Medium Fußball zu bieten, um Konflikte und Probleme im zwischenmenschlichen Bereich, nicht nur im Sport, in Respekt vor der Persönlichkeit des jeweils anderen zu lösen.

Die Erziehungsebene

Kinder und Jugendliche brauchen Spielräume und Grenzen. Letztere geben Sicherheit, Orientierungshilfen und Geborgenheit. Dies sind notwendige Pfeiler in einem Entwicklungsprozess, der vom Kind über den Jugendlichen zum mündigen Bürger führen soll.

Der Respekt vor dem Anderen ist unserer Ansicht nach die Basis aller zwischenmenschlichen Kontakte, die ohne Aggressionen und Rücksichtslosigkeiten ablaufen sollen. Deshalb mussten zuerst Rahmenbedingungen geschaffen werden, die das Zusammenleben auf dem Vereinsgelände in unserem Sinne konstituieren.

Konkret sind dies:

- Erarbeitung eines Ordnungsrahmens, der den Umgang zwischen Trainern und Spielern während der Spiele und der Trainingseinheiten regelt,

- Regeln für das Verhalten gegenüber Gegenspielern und Schiedsrichtern,
- Regeln für das Verhalten in den Umkleidekabinen und gegenüber Trainingsgeräten,
- Regeln für das Verhalten auf dem Vereinsgelände.

Erarbeitung eines Ordnungsrahmens, der den Umgang zwischen Trainern und Spielern während der Spiele und der Trainingseinheiten regelt

Jugendliche und Kinder benötigen eine feste Bezugsperson, an die sie sich bei Problemen vertrauensvoll wenden können. Der Aufbau einer auf Vertrauen basierenden Beziehung hat absolute Priorität gegenüber allen anderen Aktivitäten. Jugendtrainer können dies nur dann erreichen, wenn sie für ihre «Coachees» kalkulierbar in ihrem Verhalten sind. Darunter ist zu verstehen, dass sie das Verhalten, das sie von ihren Spielern erwarten, selbst vorleben:

- Wer von seinen Mitmenschen Pünktlichkeit erwartet, muss selbst pünktlich sein. Der Trainer ist der Erste, der kommt und der Letzte, der geht.
- Wer fordert, dass Verbalinjurien im Sport nichts zu suchen haben, sollte sie selbst nicht verwenden (auch nicht als passiver Zuschauer bei anderen Spielen).
- Wer fair behandelt werden will, sollte dies anderen auch zugestehen (andere ausreden lassen, keine Kollektivstrafen aussprechen, andere Meinungen gelten lassen).
- Wer als Erwachsener möchte, dass Kinder, Jugendliche und Erwachsene sich grüßen, sollte mit gutem Beispiel vorangehen («Hallo Ali», «Grüß dich, Thomas»).

Die angeführten Regeln werden den Spielern der jeweiligen Mannschaften nicht aufoktroyiert, sondern gemeinsam zwischen Spielern und Trainern ausgehandelt.

Wer an der Aufstellung und Formulierung eines Regelwerks beteiligt wurde und Einfluss auf das Ergebnis nehmen konnte, wird sich leichter einordnen können und gemeinsam ausgehandelte Sanktionen anerkennen.

Die Regeln und Sanktionen werden sprachlich auf die jeweiligen Altersgruppen zugeschnitten und visualisiert. Für die Kleinsten und Jüngsten («Pampers» und F-Jugend) müssen die Informationen auf den eigens dafür erstellten Plakaten über gesprochene Sprache und über visuelle Reize erfolgen, weil sie noch nicht lesen können.

Regeln sollen, und das gilt für alle Altersgruppen, positiv formuliert sein, damit sie Gebote und damit Handlungsanleitungen für zukünftiges Verhalten sein können.

Die Trainer besprechen in der Kabine unter Verwendung der Poster sowohl die sportlichen als auch die Verhaltensziele der folgenden Trainingseinheit. Während des Trainings achtet der Trainer auf deren Einhaltung und sanktioniert, gegebenenfalls auf der Grundlage der gemeinsamen Vereinbarung, stark abweichendes Verhalten.

Nach Beendigung des Trainings gibt der Trainer den Spielern ein Feedback über das beobachtete Verhalten. «Feedback geben» bedeutet nicht, dass Trainer lange Monologe über ihre Trainingseindrücke halten, aber: Jeder Teilnehmer hat ein Recht darauf zu erfahren, ob sich sein Verhalten innerhalb der gezogenen Grenzen bewegte oder ob es stärkere oder schwächere Abweichungen vom Idealtypus gab, die der Trainer nicht mehr tolerieren kann und will. Feedbacks müssen Kurzstatements über beobachtetes Verhalten folgender Art sein:

«Peter, ich war zufrieden mit dir, weil du auf Murat Rücksicht genommen hast» oder «Benjamin, mir hat nicht gefallen, dass du Ali dreimal hintereinander geschubst hast.»

Wichtig ist, dass Verhalten konkret beschrieben, aber nicht sofort interpretiert sowie be- und verurteilt wird. Beurteilungen müssen in Form von Vermutungen verbalisiert werden, weil diese keine persönlichen Angriffe enthalten und dem «Angeklagten» die Möglichkeit offen halten, aus einer Nichtabwehrhaltung zu argumentieren. Verurteilungen haben in diesem Bereich überhaupt keine Existenzberechtigung. Dem Ansprechen von Verhaltensauffälligkeiten muss aber eine Verhaltensalternative hinzugefügt werden, damit sich das Kind zunehmend leichter und sicherer einen sanktionsfreien Verhaltensbereich erarbeiten kann.

In solchen das Training abschließenden Gesprächsrunden mit der Mannschaft muss der Trainer sehr viel Fingerspitzengefühl walten lassen. Eine inquisitorische Aburteilung eines Kindes (als warnendes Zeichen für alle zukünftigen Missetäter) ist natürlich genauso falsch, wie eine lasche Laissez-faire-Einstellung, die keinerlei Sanktionen kennt.

Wenn Kinder vor versammelter Mannschaft in ihrem Verhalten kritisiert werden, so muss dies immer unter dem Aspekt der Hilfe zur Selbsthilfe geschehen. In Kindern müssen diejenigen Kräfte aktiviert werden, die ihnen helfen, ihr Verhalten zunehmend selbstverantwortlicher und selbstkritischer zu gestalten. Das ist ein langer und schwieriger Prozess, von dem wir wissen, dass auch viele Erwachsene bis ins hohe Alter vergeblich darum kämpfen. Kinder können diesen Weg nur dann erfolgreich gehen, wenn sie verlässliche Partner haben. Trainer und Betreuer müssen Kindern das Gefühl von Geborgenheit, Sicherheit und Kalkulierbarkeit geben und diese Stabilität auch dann emotional spüren lassen, wenn Kinder Fehler begehen. Kognitive, soziale und emotionale Lernprozesse sind ohne ein Lernklima, in dem Fehler verziehen werden, ja sogar als konstituierend angesehen werden, nicht denkbar. Der Fehler ist eine der Triebfedern menschlicher Entwicklung und der «richtige» Umgang mit Fehlern ist Teil einer pädagogisch-psychologischen Reifeprüfung, der sich alle pädagogisch tätigen Menschen (auch Trainer) im Zuge ihrer eigenen Entwicklung stellen müssen. Es gilt also folgendes: Bei schwierigen und wichtigen Problemen muss der Besprechung im Mannschaftskreis ein Einzelgespräch mit dem Kind vorausgehen oder nachfolgen. Professionelle Gesprächsführung setzt kommunikationspsychologische Kenntnisse, Fertigkeiten und Fähigkeiten in Theorie und Praxis voraus. Sie ist deshalb in den Ausbildungsprogrammen für unsere Trainer und Betreuer ein äußerst wichtiger Bestandteil.

Konfliktbewältigung ist vornehmlich ein sprachlicher Prozess, in den viele Mütter, Väter, Lehrer, Trainer und andere erzieherisch tätige Menschen täglich involviert sind. Sprache kann benutzt werden zum Trösten, Verletzen, Entspannen, Lügen, Schmeicheln, Entmündigen, Stärken und Schwächen. Trainer können die Sprache zu diesem und anderen Zwecken verwenden, sie dient aber auch zur Klärung zwischenmenschlicher

Konflikte. Diese entstehen, wenn unterschiedliche Erwartungen, Interessen, Motivationen und Sichtweisen verschiedener Menschen aufeinanderprallen. Dem Trainer kommt dann die Aufgabe zu, bei der Lösung von Problemen zu helfen, die auftreten können zwischen:

- ihm und Spielern,
- ihm und Eltern,
- Spieler und Spieler,
- Spieler und Eltern.

Die kommunikationspsychologischen Trainingsangebote für unsere Trainer beinhalten folgende Themen:

- Wahrnehmungspsychologie (Verhalten beschreiben statt bewerten)
- Übungen zum Aktiven und Passiven Zuhören
- Formulierung von Ich-Botschaften
- Rollenspiele zum Training handlungsorientierter Verhaltensweisen in Konfliktsituationen
  a) als Betroffener und
  b) als «Klärungshelfer», der das Gespräch zweier Konfliktgegner moderiert.

Grundsätzlich gilt, dass der Trainer als Gesprächshelfer und -leiter die Gesprächspartner schrittweise zu einer selbst verursachten Klärung des Konfliktes führen muss. Seine Funktion besteht also nicht darin, Ratschläge und Problemlösungen anzubieten, sondern die «Selbstheilungskräfte» der Beteiligten zu aktivieren und den Problemlösungsprozess zu moderieren. Der Erwerb dieser Kompetenzen ist natürlich nur in einem stetigen Prozess möglich. Hilfreich ist die Tatsache, dass durch den häufigen Umgang mit Kindern und Eltern genügend realistische Lernsituationen zum Üben einladen. Neben einem intensiven Kommunikationstraining, das den Umgang mit Konflikten und Widerständen beinhaltet, erhielten die Trainer einen kleinen Leitfaden. Denn Trainer werden zunehmend in ihrer Interventionskompetenz gefordert. Damit ist die Fähigkeit gemeint, in Konflikte, die physischen oder psychischen Schaden für zumindest einen der Beteiligten befürchten lassen, deeskalierend einzugreifen. Folgende Leitsätze sollen Ihnen helfen:

1. Mischen Sie sich ein!
Wenn Spieler, Mit- oder Gegenspieler schubsen, anspucken, oder ähnliche Handlungen begehen, mischen Sie sich ein. Sehen Sie hin und beziehen Sie Stellung!

2. Treten Sie ehrlich und eindeutig auf!
Seien Sie in Ihrem Auftreten eindeutig und bestimmt. Bauen Sie keine pseudo-psychologisch-pädagogische Fassade auf, die vor Angst und Schwäche trieft, zum Beispiel «Du Peter, dass du eben Mario geschlagen hast, finde ich nicht gut», sondern «Schluss jetzt. Bei uns wird nicht geschlagen. Ich will das nicht mehr sehen».

3. Trennen Sie die Streitenden!
Die Kontrahenten müssen sofort getrennt werden, um weitere Gewalttätigkeiten oder verbale Entgleisungen zu unterbinden. Sich einzumischen erfordert Mut. Auf dem Weg zum «Konfliktherd» helfen Ihnen folgende «Techniken»:

- Tief durchatmen.
- Bis 20 zählen.
- Faust in der Hosentasche ballen.
- «Eingangssatz» überlegen.
- Positiven Ausgang vorstellen.
- Sich selbst Mut machen: «Ich bleibe ruhig und beherrsche die Situation.»

4. Entscheiden Sie, wie Sie weiter vorgehen!
Verschieben Sie die Lösung des Problems auf einen späteren Zeitpunkt. Die dadurch erreichte Distanz zum Geschehen sorgt für mehr Sachlichkeit im Gespräch und verringert Emotionen.

5. Arrangieren Sie ein Gespräch!
Zwischen Ihnen als Trainer und den anderen Beteiligten muss ein Termin für ein klärendes Gespräch ausgehandelt werden.

6. Verharmlosen Sie nichts!
Wer aggressive Handlungen begeht, muss dafür Verantwortung übernehmen.

7. Sanktionen einhalten!
Wenn Sanktionen in einem Gespräch ausgehandelt werden, muss für deren Einhaltung gesorgt werden.

Die Eltern

Ferner erschien es uns wichtig, auch die Eltern der Spieler in unser Konzept mit einzubinden. Viele Kinder betreiben Sport, ohne zu wissen, ob sie gesundheitliche Schäden mit sich tragen. Um weiteren eventuellen gesundheitlichen Schäden vorzubeugen, wiesen wir die Eltern auf unseren Elternabenden auf die Möglichkeit von sportärztlichen Untersuchungen hin. Wir baten sie, dem Verein eine ärztliche Unbedenklichkeitserklärung zukommen zu lassen. Damit wurden die Kinder vor etwaigen Schäden geschützt und den Trainern wurde die Arbeit in hohem Maße erleichtert, wenn sie sicher sein konnten, dass die ihnen anvertrauten Kinder keine organischen Schäden aufwiesen. Diesem medizinischen Grund der elterlichen Einbeziehung musste noch ein sportlich-psychologischer hinzugefügt werden.

Wer Eltern am Spielfeldrand beobachtet und deren verbale Äußerungen gegenüber den eigenen Kindern, Mitspielern und Gegenspielern hört, weiß, wie schwer es Trainer mit ihren Anweisungen gegen etwa 30 Co-Trainer haben.

Die Eltern wurden also sehr bestimmt darauf hingewiesen, dass auch sie am Spielfeldrand gegenüber allen beteiligten Kindern eine Vorbildfunktion haben und ihre Verhaltensweisen Modellcharakter haben. Kinder im F-Jugendbereich brauchen stabile und eindeutige Beziehungsstrukturen und Bezugspersonen, die hauptsächlich von den Trainern und Betreuern geschaffen und aufrechterhalten werden. Das Verhalten von Eltern am Spielfeldrand führt oftmals eher dazu, Kinder zu verunsichern und Orientierungslosigkeit zu verursachen.

Damit es nicht soweit kommt, müssen die Eltern mit entsprechenden Informationen versorgt werden. Dies geschah verbal an Elternabenden, die wir mindestens zweimal pro Jahr anboten oder in Form von Informationsblättern, die wir gelegentlich an die Eltern verteilten. Die Inhalte lagen sowohl im sportlichen (Trainingsgestaltung und -methodik) als auch im pädagogisch-psychologischen Bereich.

Regeln für das Verhalten gegenüber Gegenspielern und Schiedsrichtern

In Jugendspielen ist immer wieder zu beobachten, dass Kinder von zuschauenden Eltern und Trainern stark unter Leistungsdruck gesetzt werden. Wenn es im Spiel nicht möglich ist, diesen Druck in erfolgreiche Aktionen umzusetzen, sind Frustrationen die Folge, die vielfältige Erscheinungsformen annehmen können:

- Meckern gegenüber den Schiedsrichtern
- Beschimpfungen und Beleidigungen an die Adresse des Schiedsrichters
- Rangeleien mit Gegenspielern
- Beschimpfungen der Gegenspieler
- absichtliches Foulspiel
- Tätlichkeiten hinter dem Rücken des Schiedsrichters
- «Diskussionen» mit Zuschauern

Natürlich kann ein Fußballspiel nicht völlig aggressionslos und konfliktfrei ablaufen, aber gewisse Grenzen müssen gewahrt bleiben und Regelverletzungen geahndet werden. Eine mögliche Sanktion wäre zum Beispiel der Ausschluss aus dem laufenden Spiel durch den Trainer, wenn der Spieler die aufgeführten Verhaltensweisen zeigt. Diese Maßnahme gilt auch für die so genannten «Starspieler» einer Mannschaft, die für den Erfolg des Teams normalerweise aufgrund ihrer Leistungsstärke sehr wichtig sind. Es steht also nicht primär die sportliche Leistung im Zentrum einer personellen Entscheidung, sondern das soziale Verhalten der Spieler auf dem Platz.

Natürlich muss der Trainer im Anschluss an das Spiel mit dem entsprechenden Spieler ein Gespräch führen, in dem er ihm die Gründe für seine Entscheidung darlegt. Weitere denkbare Strafen sind:

- bei schweren Verfehlungen Ausschluss vom Spielbetrieb für mehrere Spiele,
- Trainings- und Spielverbot für eine bestimmte Zeit,
- Übernahme von bestimmten Diensten im Trainingsbetrieb (z. B. Bälle einfetten, Trainingsmaterialien auf den Platz befördern).

Wichtig dabei ist, dass der Trainer dem «Übeltäter» nicht autoritär seine Strafe überstülpt, sondern sie begründet und die Strafbemessung mit den Betroffenen sogar gemeinsam aushandelt. Grundsätzlich ist in solchen Situationen sein soziales «Fingerspitzengefühl» gefordert.

Regeln für das Verhalten in den Umkleidekabinen und gegenüber Trainingsgeräten

Jeweils zwei Jugendmannschaften teilen sich im Umkleidetrakt eine Kabine. Für die Sauberkeit sind die jeweiligen Mannschaften selbst verantwortlich. Der Trainer hat die Aufgabe, gemeinsam mit seinen Spielern einen Plan zu erarbeiten, durch den jeder Spieler einmal oder mehrmals in einer Saison bestimmte Dienste erledigen muss:

- die Umkleidekabine nach dem Training besenrein säubern
- Bälle einfetten, auf den Platz tragen und nach dem Training wieder aufräumen
- weitere Trainingsmaterialien auf den Platz tragen und zurückbringen

Das Ziel dieser Maßnahmen ist, den Kindern und Jugendlichen Rücksichtnahme und den Respekt vor dem Eigentum anderer näher zu bringen (Vereinseigentum) und durch die Übernahme kleiner Dienste in und für die Gemeinschaft soziale Verantwortung zu lernen und zu übernehmen. Auch in diesem Bereich haben die Trainer die Aufgabe, den Spielern Rückmeldungen über ihr gezeigtes Verhalten zu geben und gegebenenfalls Verhaltensalternativen zu entwickeln.

Regeln für das Verhalten auf dem Vereinsgelände

Diese Regeln betreffen den Umgang der Menschen (Kinder und Jugendliche, Erwachsene) untereinander auf dem Vereinsgelände. Es ist zum Beispiel nicht verboten, dass man sich gegenseitig grüßt. Auch die Einhaltung schon bestehender Regeln ist wichtig:

- das Fahrradfahrverbot in unmittelbarer Nähe der Sportplätze,
- die Entsorgung von Müll in bereitstehende Behältnisse,
- die pflegliche Behandlung der Sportplätze, insbesondere des Rasenplatzes (der nachmittägliche Kick kann auch auf dem Hartplatz stattfinden).

Dieser Regelkatalog soll aber nicht dazu führen, dass die Kinder und Jugendlichen in ein enges Verhaltenskorsett gezwängt werden sollen. Sie sollen vielmehr in einem kontinuierlichen Prozess, begleitet durch das positive Vorbild der Erwachsenen (Trainer, Eltern und ältere Jugendliche), Regeln verinnerlichen, sie zu Maximen des eigenen Handelns machen, die das Zusammenleben der Menschen in positivem Sinne erleichtern.

Die soziale Ebene

Der Großteil der Kinder und Jugendlichen, die bei der ESG Fußball spielten, kommen aus unteren sozialen Schichten. Damit ist für viele Familien die Notwendigkeit des Gelderwerbs für beide Ehepartner verbunden, wenn ein gewisser Lebensstandard erreicht oder gehalten werden soll. Die Kinder aus solchen Familien besuchen in der Regel die Hauptschule.

Da die Hauptschule in Kornwestheim keine Ganztagsschule war, waren sich viele Kinder und Jugendliche am Nachmittag selbst überlassen. Unter diesen Bedingungen litt die Erledigung der Hausaufgaben in beträchtlichem Maße. Wir hatten es uns deshalb zur Aufgabe gemacht, bedürftigen Kindern Hausaufgabenhilfe anzubieten. In welcher Häufigkeit und in welchem zeitlichen Rahmen dies geschah, hing vom Bedarf ab.

Auch im Bereich der Lehrstellensuche versuchten wir, Schülern Hilfen anzubieten. Dies geschah durch die Nutzung bestehender Kontakte zur Agentur für Arbeit oder durch die Wahrnehmung privater Verbindungen von Vereinsmitgliedern zu Firmen in und um Kornwestheim.

Weitere Möglichkeiten der Sozialarbeit waren durch die Verknüpfung der ESG mit schon bestehenden sozialen Einrichtungen der Stadt Kornwestheim gegeben.

So bestanden Kooperationen mit dem Bolzstraßentreff und dem Streetworker der Stadt Kornwestheim. Der Bolzstraßentreff, ein «Jugendzentrum» in «Kleinausgabe», in dem Jugendliche und Kinder ihre Freizeit sinnvoll verbringen konnten, war seit Sommer 1998 auf dem ESG-Gelände angesiedelt. Damit waren Voraussetzungen geschaffen, dass auch Fußball spielende Jugendliche eine intensivere Betreuung über

Trainings- und Spielmaßnahmen hinaus erhielten. Die Angebotspalette enthielt Hausaufgabenbetreuung, Spiele, Basteln und andere Freizeitangebote. Unserem Ziel, möglichst viele Jugendhilfeeinrichtungen miteinander zu verweben, waren wir dadurch einen erheblichen Schritt näher gekommen.

Zur Effizienz des ESG Konzeptes

Zwar gab es keine wissenschaftliche Begleitung, aber einige Zahlen dokumentieren doch den Erfolg. Zu Beginn im Jahr 1996 ereigneten sich auf dem Gelände eine Vielzahl vandalistischer Aktivitäten. Einige wurden zur Anzeige gebracht, aber nur wenige konnten von der Polizei geklärt werden.

Während des Spielbetriebs wurden zahlreiche Spiele durch den Schiedsrichter abgebrochen, weil es auf dem Spielfeld zu Schlägereien kam, die in den meisten Fällen von Spielern der ESG ausging. Die Verstöße gegen die Spielordnung des Württembergischen Fußballverbandes wurden von den Schiedsrichtern vor dem Sportgericht zur Anzeige gebracht. Bis zu 20 Verfahren pro Jahr waren von ESG-Jugendlichen verschuldet. Nach 4–5 Jahren Projektdauer lag die Zahl der Sportgerichtsverfahren bei 2–4 pro Jahr.

Aggressionen während des Trainings gingen fast auf «Null» zurück. Die wenigen harten Konfliktfälle wurden mit Mediationsverfahren innerhalb des Vereins durch die ausgebildeten Trainer oder von mir gelöst.

Zusammenfassung

Auch bei schwierigen Ausgangslagen zu Beginn eines Projektes zur Entwicklung sozialer Kompetenzen gibt es mittelfristig große Erfolgsaussichten, wenn ein kooperativer Lösungsansatz gewählt wird, hier: die Zusammenarbeit zwischen Schule und Verein. Folgende Merkmale müssen zum Standard der Zielvereinbarungen gehören:

- Definition der Zielperspektive bzw. der Projektphilosophie
- Evaluierung des Ist-Standes der nötigen Kompetenzen bei Trainer und Spieler, um den definierten Standard zu erreichen
- Definition des Fortbildungsbedarfes

- Entscheidung, an welchem Ort diese Kompetenzen entwickelt werden sollen
- Ort Schule: Spieler, sofern sie Schüler der Kooperationsschule sind, werden innerhalb des Sozialcurriculums der Schule trainiert
- Ort Verein: Trainer werden pädagogisch, psychologisch und sozial geschult
- Erstellung eines Zeitrahmens, um die erforderlichen Kompetenzen zu entwickeln
- Beobachtung und Überprüfung der praktischen Umsetzung und Rückkopplung auf die Ausbildungsinhalte in Zusammenarbeit zwischen den ehrenamtlichen Trainern und den Ausbildern

Schulverweigerung – die zweite Chance

Dieses Kooperationsprojekt der Caritas Ludwigsburg-Waiblingen-Enz und dem Staatlichen Schulamt Ludwigsburg besteht an der Uhlandschule seit zwei Jahren. Zielgruppe sind:

- schulaversive Kinder ab 12 Jahren,
- Schüler, die den Schulbesuch passiv oder aktiv verweigern.

Bei beiden Verweigerungsformen droht den betroffenen Schülern die Nichtversetzung oder der Schulabbruch.

Aus der Uhlandschule können aktuell drei Schüler pro Schuljahr unterstützt werden.

Pro Woche findet an der Schule eine einstündige Sprechstunde der Case Managerin für Lehrer statt, in der diese sich für den Umgang mit schulaversiven Schülern Rat holen und/oder Modalitäten für die Aufnahme von Schülern in das Programm abklären können. Durch das Case Management unter Einbeziehung der betroffenen Personen (Eltern, Lehrer, Jugendhilfe) wird versucht, die Schüler wieder in das Regelschulsystem zurückzuführen.

Maßnahmen und Ziele

Aufgenommen werden nur solche Schüler, die durch die Schulverweigerung ihren Schulabschluss gefährden. Danach wird eine Checkliste durch Lehrer und Mitarbeiterinnen der Koordinierungsstelle erstellt. Auf der Basis dieser Daten entsteht eine Prognose über den Grad der Schulverweigerung zu Beginn der Maßnahme. Sie dient der Bewertung des weiteren Prozesses.

Die Checkliste ist in sieben Indikatoren unterteilt. Jeder Indikator besteht aus mehreren Unterabschnitten, von denen beispielhaft jeweils einer benannt wird:

- Verhalten der Schülerin/des Schülers
  - Schüler wirkt im Unterricht überfordert
- schulische Interaktionen
  - Schüler hat häufig massive Konflikte/Probleme mit Lehrer/innen
- Fehlzeiten
  - Schüler wird durch die Eltern auffällig häufig entschuldigt (z.B. aufgrund von Krankheiten)
- Abstufung der Fehlzeiten
  - Schüler kommt gelegentlich einen Tag nicht zur Schule, jedoch nicht mehr als zehn Tage pro Halbjahr
- Fernhalten des Schülers durch die Eltern/Erziehungsberechtigten
  - Schüler arbeitet während der Schulzeit vermutlich im Haushalt oder im Familienbetrieb mit
- Rückzug und/oder Leistungsabfall bei Schülern
  - Schüler hat kritische belastende Ereignisse zu verarbeiten
- schulrechtliche Auffälligkeiten
  - Es fanden bereits Klassenkonferenzen aufgrund des Verhaltens/der Fehlzeiten des Schülers statt.

Networks Against School Shootings (NETWASS)

NETWASS ist ein vom Bildungsministerium für Bildung und Forschung gefördertes wissenschaftliches Projekt. Bundesweit nehmen etwa 120 Schulen daran teil, davon 14 in Baden-Württemberg. Es basiert auf dem Ansatz der sogenannten Bedrohungsanalyse, mit dem in den USA positive Erfahrungen in Schulen gesammelt wurden.

NETWASS soll die Schulen befähigen, durch Sensibilisierung in der Wahrnehmung mit Hinweisen auf Gewalttaten und Gewaltandrohungen sicherer umgehen zu können.

Das Projekt beruht auf folgenden Prinzipien:

- Eine frühzeitige Prävention kann schwere zielgerichtete Gewalt an Schulen eher vorhersehen, weil sie das Ergebnis eines erkennbaren und zielgerichteten Prozesses ist und das Denken und Verhalten dadurch erkennbar macht.
- Schwere zielgerichtete Gewalt ist nie monokausal zu erklären, sondern ist Ergebnis einer gestörten Interaktion zwischen Individuum und sozialem Umfeld.
- Eine fragende, neugierige Grundeinstellung, die auf einem «Bauchgefühl» beruht, ist eine wesentliche Voraussetzung und der Beginn einer dann faktorenorientierten Handlungsbedarfsanalyse.
- NETWASS berücksichtigt bei der Handlungsbedarfsanalyse sowohl Risiko- als auch Schutzfaktoren im sozialen Umfeld.
- Die zentrale Frage, die beantwortet werden muss, lautet: «Befindet sich der betreffende Schüler in einer krisenhaften Entwicklung?»

An der Schule bildet sich ein Krisenpräventionsteam, das sich hauptsächlich aus den Personen des Krisenteams rekrutiert, das an jeder Schule in Baden-Württemberg im Rahmen des Krisenrahmenplans gebildet werden musste. Das Krisenpräventionsteam besteht aus neun Kolleginnen und Kollegen und der Elternbeiratsvorsitzenden. Je nach Sachlage können weitere Personen zur Informationsgewinnung hinzugezogen werden (Eltern, betroffene Lehrer, Schüler, Sozialarbeiter, Psychologe, Polizei, und so weiter).

An meiner Schule bin ich der Ansprechpartner für das Krisenpräventionsteam. Es könnte aber auch ein anderes Mitglied des Teams diese Funktion übernehmen. Die Implementierung von NETWASS an der Schule verläuft in mehreren Stufen (siehe Tabelle 4-2):

- Das Krisenpräventionsteam wird an zwei Nachmittagen mit insgesamt neun Stunden geschult.
- Das gesamte Kollegium, einschließlich aller Mitarbeiter der Schule, wird in einer dreistündigen Veranstaltung über die wichtigsten Inhalte von NETWASS informiert.

Tabelle 4-2: Ablaufschema NETWASS

Hinsehen	
Wer?	Mitarbeiter der Schule
Was?	Mitarbeiter der Schule nehmen Hinweise für eine krisenhafte Entwicklung einer Schülerin/eines Schülers wahr und geben diese weiter
Überblicken	
Wer?	Ansprechpartner Krisenprävention
Was?	Informationen sammeln, verdichten, bewerten und sich beraten krisenhafte Entwicklung wird bestätigt → Krisenpräventionsteam wird einberufen
Beraten	
Wer?	Krisenpräventionsteam
Was?	Handlungsbedarf analysieren, bewerten, sich beraten, Hilfe initiieren
Begleiten	
Wer?	Klassenlehrer; generell Personen, die einen kontinuierlichen Kontakt zu dem Schüler/der Schülerin haben
Was?	weiteren Verlauf beobachten und an Krisenpräventionsteam melden

Quelle: www.netwass-projekt.de

Chronologischer Ablauf der Krisenpräventionssitzung

- Das Subteam wird vom Ansprechpartner zeitnah einberufen (möglichst an demselben Tag des Vorfalls).
- Das gesamte Team wird einberufen (möglichst an demselben Tag des Vorfalls).
- Protokollant wird bestimmt.
- Klassenlehrer und andere relevante Personen werden hinzugezogen.
- Informationen der Dokumentation und Bewertung durch das «Subteam» (Rektor, Konrektor, Schulsozialarbeiterin) werden dem Krisenpräventionsteam mitgeteilt.

Gewaltspezifische Fragen im Krisenpräventionsteam werden beantwortet

a) Hat der Schüler übermäßiges Interesse an schulischen Gewalttaten oder Gewalttätern?
b) Hat der Schüler aggressives Verhalten gezeigt?
c) Ist der Schüler zu zielgerichteter Gewalt fähig?
d) Betrachtet der Schüler Gewalt als akzeptabel, wünschenswert oder als einzigen Weg zur Problemlösung?
e) Sind andere Personen wegen des Gewaltpotenzials des Schülers besorgt?
f) Welche Umstände könnten sich auf die Wahrscheinlichkeit einer Gewalttat auswirken?
g) Fühlt sich der Schüler gerade hoffnungslos und/oder verzweifelt?
h) Stimmen die Äußerungen und die «Geschichte» des Schülers mit seinem Handeln überein?
i) Besitzt der Schüler Motive und Ziele für eine Gewalttat?
j) Zeigt der Schüler psychische Auffälligkeiten?

Dokumentation mit den Risikofaktoren abgleichen/vervollständigen

k) Welche psychosozialen Risikofaktoren sind vorhanden?
l) Welche individuellen Risikofaktoren sind vorhanden?
m) Welche strukturellen Risikofaktoren sind vorhanden?
n) Inwiefern können sie gestärkt werden?

Schutzfaktoren zusammentragen

o) Welche Schutzfaktoren sind vorhanden?
p) Inwiefern können sie gestärkt werden?

Beispiele für Schutzfaktoren aus der Forschung

- positive Beziehung zu mindestens einem Erwachsenen
- positives Klassenklima
- Einbindung in Tätigkeiten/schulische Aktivitäten
- Selbstwirksamkeit
- Normtreue

Resümee

Die aktuelle und zukünftige Aufgabe der Familie und der nachfolgenden sozialen Subsysteme findet sich sehr treffend in dem folgenden Zitat des arabischen Schriftgelehrten Abbas Effendi wieder:

> «Die Arbeit des Erziehers gleicht der eines Gärtners,
> der verschiedene Pflanzen pflegt. Eine Pflanze liebt den strahlenden
> Sonnenschein, die andere den kühlen Schatten; die eine liebt
> das Bachufer, die andere die dürre Bergspitze. Die eine gedeiht
> am besten auf sandigem Boden, die andere im fetten Lehm.
> Jede muss die ihrer Art angemessene Pflege haben, anderenfalls
> bleibt ihre Vollendung unbefriedigend.»

Die Förderung prosozialer Verhaltensweisen ist ein unverzichtbarer Pfeiler und eine Kernaufgabe einer zukünftigen Schule. Denn die Schule kann nur wenig davon ausgehen, dass die Familie ihre Kinder mit jenen sozialen Kompetenzen ausstattet, die von der Gesellschaft eingefordert werden. Die gegenwärtige und zukünftige Schule bedarf eines ganzheitlichen Konzeptes, das sowohl die Entwicklung prosozialer als auch kognitiver Kompetenzen umfasst.

Prosoziales Lernen bedeutet wertorientiertes Lernen in Beziehungen. Dazu sind Zeit und Geduld der Erziehungsverantwortlichen in Familie und Schule nötig. Deshalb ergeben sich Erfolge nicht kurzfristig, sondern nur im Kontext eines langfristig angelegten Entwicklungsprozesses, der kontinuierlich ist und in seinen Wirkungen nachhaltig gestaltet und evaluiert werden muss. Ebenso bedarf es Partnern, die diesen Prozess unterstützen, zum Beispiel in meiner Schule die Wüstenrotstiftung, deren finanzielles Engagement manche Maßnahmen erst möglich macht. Nicht zuletzt steht und fällt der Erfolg schulinterner Gewaltprävention mit einem engagierten und kompetenten Kollegium.

Kapitel 5: Wirksamkeit der Gewaltprävention

«Vorbeugung ist besser als Heilen.»

Mit dieser alten Volksweisheit wird häufig im Vorspann von Gewaltpräventionskonzepten und -programmen der Zweck präventiven Handelns begründet.

Stimmt es wirklich, dass schulische Gewaltprävention nützt? Diese Frage muss über kurz oder lang überall dort gestellt werden, wo gewaltpräventive Maßnahmen konzipiert, finanziert und praktiziert werden. Die an der Prävention Beteiligten möchten eine wirkungsorientierte Antwort, aus der hervorgeht, dass Aggression und Gewalt tatsächlich reduziert und sozialemotionale Kompetenzen verbessert werden.

In den 1990er Jahren, als die Gewaltprävention aufgebaut wurde, war die Wirksamkeitsevaluation eher selten. Möglicherweise hing dies damit zusammen, dass man der öffentlichen Forderung nach der Bewältigung des Schulgewaltproblems rasch nachkommen musste. Erst seit Beginn der 2000er Jahre wird verstärkt die Frage nach der Wirksamkeit der Gewaltprävention gestellt. Zum einen möchten die Steuerzahler und Sponsoren wissen, ob sich die finanziellen Investitionen lohnen. Zum anderen benötigen die schulischen und außerschulischen Fachkräfte eine Rückmeldung darüber, ob die psychische Investition wirklich Wirkungen zeitigt.

Die Wirksamkeit der Gewaltprävention zu analysieren beziehungsweise zu evaluieren, bedarf einer empirischen Vorgehensweise. Intuitive Einschätzungen wie «Seither gibt es einen Rückgang von Gewalt» sind inakzeptabel. Auf diese Art und Weise haben Schulen häufig den Erfolg von Gewaltprävention zurückgemeldet.

Die Wirksamkeit der Gewaltprävention muss mittels empirischer Analysen nachgewiesen werden, und zwar in Form kontrollierter Studien. Konkret bedeutet dies, dass eine «Präventionsgruppe» im Vergleich zu einer nicht geförderten Kontrollgruppe signifikant besser abschneidet.

Inzwischen gibt es national und international zahlreiche Einzelstudien, die zur Wirksamkeitsanalyse von Gewaltpräventionsprogrammen durchgeführt wurden (Gollwitzer et al., 2007; Schick, 2010; Schubarth, 2010). Hinzu kommen Meta-Analysen, in denen die Ergebnisse der Einzelstudien zusammengefasst sind (Durlak, 1999; Lösel/Beelmann, 2003; Wilson et al., 2003; Hahn et al., 2007; Mytton et al., 2007). Aus den Ergebnissen lassen sich folgende Schlüsse ziehen:

- An Schulen mit systematischer Gewaltprävention kommt es zu einer deutlichen Reduktion von Gewaltvorfällen und Disziplinarmaßnahmen, und zwar bis zu 50 Prozent im ersten Präventionsjahr.
- Im Verlauf der Gewaltprävention verbessert sich das Sozialklima sowohl auf Klassen- als auch auf Schulebene.
- Schüler, die an Gewaltpräventionsprogrammen teilnehmen, sind danach sozial-emotional kompetenter.
- Am erfolgreichsten ist Gewaltprävention in der Grundschule. Dennoch werden auch in der Sekundarstufe beachtliche Wirkungen erzielt.
- Besonders gut nachgewiesen ist die Effektivität des Gewaltpräventionsprogramms «Faustlos».
- Was die inhaltliche Konzipierung betrifft, ist die Kombination von kognitiven und handlungsbezogenen Komponenten besonders wirkungsförderlich.
- Gewaltprävention, die an verschiedenen Ebenen (Schüler, Klasse, Schule, Eltern) gleichzeitig ansetzt, ist wirksamer als Eine-Ebene-Ansätze.
- Obwohl es schwierig ist, Eltern zu erreichen, wird dort, wo dies gut gelingt, die Präventionswirkung in beachtlichem Maße erhöht.
- Gewaltpräventive Programme verbessern nicht nur die sozial-emotionalen Kompetenzen der Schüler, sondern auch deren Lernerfolg.
- Ein wichtiger Erfolgsfaktor ist die gewaltpräventive Fortbildung der Lehrer im Vorfeld der Implementierung von Programmen.

- Wo Gewaltpräventionsprogramme an die Gegebenheiten der Schule angepasst werden, wird die Präventionswirkung erhöht.
- Gewaltprävention ist dann langfristig wirksam, wenn sie auf allen Schulstufen altersadäquat praktiziert wird.
- Je stärker sich ein Lehrerkollegium mit den Zielen der Gewaltprävention identifiziert und im «Präventionsalltag» engagiert, desto deutlicher fällt die Gewaltminderung aus.

Gewaltprävention wirkt sich auch ökonomisch positiv aus. Dies ist das Ergebnis von Kosten-Nutzen-Analysen. «Jeder Euro in der Prävention spart mindestens 8–14 Euro an Interventionskosten» (Hillenbrand, 2009, 177). Somit sind die Maßnahmen nicht nur effektiv, sondern auch effizient.

Aus den Wirkungsanalysen sollte die Konsequenz gezogen werden, noch mehr als bisher in die Gewaltprävention zu investieren. Dies ist langfristig kostengünstiger, weil gewaltrepressive Maßnahmen nur kurzfristig wirken. 70–80 Prozent der jugendlichen Gewalttäter werden nämlich mittel- und langfristig rückfällig.

Zentraler Präventionsort muss die Schule sein und bleiben, denn sie ist die einzige gesellschaftliche Institution, die nahezu alle Kinder und Jugendlichen erreichen kann. Damit sie noch gewaltpräventiver wirksam werden kann, seien ihr für die Zukunft folgende Entwicklungsschritte empfohlen:

1. Gewaltprävention muss überall in der Grundschule beginnen und dort alle Schüler erreichen.
2. Es ist darauf zu achten, dass die grundschulische Basisarbeit in der Sekundarstufe nahtlos ihre Fortsetzung erfährt.
3. In der Sekundarstufe ist der Schwerpunkt der Gewaltprävention das systematische Einüben sozial-emotionaler Kompetenzen in Form eines Spiralcurriculums von der Klasse 5 bis zur Abschlussklasse.
4. Für besonders gewaltauffällige Schüler muss in der Sekundarstufe darüber hinaus ein Anti-Gewalttraining realisiert werden, das einer Chronifizierung beziehungsweise Rückfällen vorbeugt.

5. Für Eltern in schwierigen Erziehungssituationen müssen in Kooperation mit außerschulischen Institutionen Trainings zum Aufbau und zur Verbesserung der Erziehungskompetenz angeboten werden.
6. Alle Einzelmaßnahmen sind zu einem kohärenten Gewaltpräventionskonzept zu bündeln, das Teil des Schulkonzepts ist.
7. Die Optimierung der schulischen Gewaltprävention gelingt nur, wenn die Aneignung gewaltpräventiver Kompetenzen in der Lehrerausbildung und Schulleiterqualifizierung zur Pflicht wird.

Literaturverzeichnis

Baier, D./Pfeiffer, C./Simonson, J./Rabold, S.: Jugendliche in Deutschland als Opfer und Täter von Gewalt. Hannover: Kriminologisches Forschungsinstitut Niedersachsen e.V. 2009.

Bannenberg, B./Rössner, D.: Erfolgreich gegen Gewalt in Kindergarten und Schule. München: Beck 2006.

Bandura, A.: Lernen am Modell. Ansätze zu einer sozial-kognitiven Lerntheorie. Stuttgart: Klett-Cotta 1976.

Bar-Tal, D./Raviv, A./Leiser, T.: The Development of Altruistic Behavior: Empirical Evidence. Developmental Psychology 16, 1980, 516–525.

Beelmann, A./Raabe, T.: Dissoziales Verhalten von Kindern und Jugendlichen. Göttingen: Hogrefe 2007.

Brecht, B.: Me-ti. Buch der Wendungen. Frankfurt: Suhrkamp 2000 (8. Aufl.).

Caplan, G.: Principles of Prevention Psychiatry. London: Tavistock 1964.

Cierpka, M. (Hrsg.): Möglichkeiten der Gewaltprävention. Göttingen: Vandenhoeck & Ruprecht 2005.

Cierpka, M. (Hrsg.): FAUSTLOS – Grundschule. Ein Curriculum zur Förderung sozial-emotionaler Kompetenzen und zur Gewaltprävention für die Grundschule. Göttingen: Hogrefe 2007 (2. Aufl.).

Cierpka, M./Schick, M: Faustlos: Evaluation eines Curriculums zur Förderung sozial-emotionaler Kompetenzen und zur Gewaltprävention in der Grundschule. Kindheit und Entwicklung 12, 2003, 100–110.

Dollard, J./Doob, L.W./Miller, N.E./Mowrer, O.H./Sears, R.R.: Frustration and Aggression. New Haven: Yale University-Press 1939.

Dollase, R.: Gewalt in der Schule: Erscheinungsformen, Ursachen, Intervention. Stuttgart: Kohlhammer 2010.

Drilling, M./Steiner, O./Davolio, M.E. (Hrsg.): Gewalt an Schule. Forschungsergebnisse und Handlungskonzepte. Zürich: Pestalozzianum 2008 (2. Aufl.).

Durkheim, E.: De la division du travail social. Paris: Presses universitaires de France 1930.

Durlak, J.A.: School-based Prevention. Programs for Children and Adolescents. Thousand Oaks: Sage 1999.

Freie Universität Berlin: Projekt NETWASS. Arbeitsbereich Entwicklungswissenschaft und Angewandte Entwicklungspsychologie. Berlin: Freie Universität 2010.

Freud, S.: Das Unbehagen in der Kultur. Gesammelte Werke, Band 14. Frankfurt: Fischer 1963 (3. Aufl.).

Fuchs, M./ Lamnek, S./Luedtke, J./Baur, N.: Gewalt an Schulen. 1994 – 1999 – 2004. Wiesbaden: Verlag für Sozialwissenschaften 2009 (2. Aufl.).

Galtung, J.: Strukturelle Gewalt. Beiträge zur Friedens- und Konfliktforschung. Reinbek bei Hamburg: Rowohlt 1988.

Gollwitzer, M./Pfetsch, J./Schneider, V./Schulz, A./Steffke, T./Ulrich, C. (Hrsg.): Gewaltprävention bei Kindern und Jugendlichen. Aktuelle Erkenntnisse aus Forschung und Praxis. Göttingen: Hogrefe 2007.

Grünke, M./Castello, A.: Antisoziales Verhalten. In: Schneider, W./Hasselhorn, M. (Hrsg.): Handbuch der Pädagogischen Psychologie. Göttingen: Hogrefe 2008.

Gugel, G.: Handbuch Gewaltprävention. Für die Grundschule und die Arbeit mit Kindern. Grundlagen – Lernfelder – Handlungsmöglichkeiten. Tübingen: Institut für Friedenspädagogik 2008.

Gugel, G.: Handbuch Gewaltprävention II. Für die Sekundarstufe und die Arbeit mit Jugendlichen. Grundlagen – Lernfelder – Handlungsmöglichkeiten. Tübingen: Institut für Friedenspädagogik 2010.

Hahn, R./Fuqua-Whitley, D./Wethington, H./Lowy, J./Crosby, A./Fullilove, M./Johnson, R./Liberman, A./Moscicki, E./Price, L./Snyder, S./Tuma, F./Cory, S./Stone, G./Mukhopadhaya, K./Chattopadhyay, S./Dahlberg, L.: Effectiveness of Universal School-based Programs to Prevent Violent and Aggressive Behaviour: A Systematic Review. Child: Care, Health and Development 34, 2007, 139–139(1).

Heitmeyer, W./Soeffner, H. G. (Hrsg.): Gewalt. Frankfurt/Main: Suhrkamp 2004.

Hennig, C./Keller, G.: Lehrer lösen Schulprobleme. Lernförderung, Verhaltenssteuerung, Gesprächsführung. Donauwörth: Auer 2000 (3. Aufl.).

Hennig, C./Knödler, U.: Schulprobleme Lösen. Ein Handbuch für die systemische Beratung. Weinheim und Basel: Beltz 2007.

Hillenbrand, C.: Schulbasierte Prävention von Schulabsentismus und Dropout. In: Ricking, H./Schulze, G./Wittrock, M. (Hrsg.): Schulabsentismus und Dropout. Paderborn: Schöningh 2009.

Holtappels, H.G./Heitmeyer, W./Melzer, W./Tillmann, K.-J. (Hrsg.): Forschung über Gewalt an Schulen. Erscheinungsformen und Ursachen, Konzepte und Prävention. Weinheim/München: Juventa 2009 (5. Aufl.).

Hurrelmann, K./Freitag, M.: Gewalt an Schulen. In erster Linie ein Jungen-Problem. Forschungsbericht. Bielefeld: Universität Bielefeld 1993.

Hurrelmann, K./Bründel, H.: Gewalt an Schulen. Pädagogische Antworten auf eine soziale Krise. Weinheim/Basel: Beltz 2007.

Jannan, M.: Das Anti-Mobbing-Buch. Gewalt an der Schule – vorbeugen, erkennen, handeln. Weinheim/Basel: Beltz 2008.

Keller, G.: Das Klagelied vom schlechten Schüler. Eine aufschlussreiche Geschichte der Schulprobleme. Heidelberg: Asanger 1989.

Keller, G.: Disziplinmanagement in der Schulklasse. Unterrichtsstörungen vorbeugen – Unterrichtsstörungen bewältigen. Bern: Verlag Hans Huber 2008.

Keller, G.: Vulkangebiet Schule. Konfliktdiagnose, Konfliktlösung, Konfliktprävention. Bern: Verlag Hans Huber 2010.

Kultusministerium Baden-Württemberg (Hrsg.): Mobbing in der Schule. Stuttgart 2009.

Lee, S.W. (Hrsg.): Encyclopedia of School Psychology. Thousand Oaks: Sage 2005.

Leff, S.S./Goldstein, A.B.: Aggression in Schools. In: Lee, S.W. (Hrsg.): Encyclopedia of School Psychology. Thousand Oaks: Sage 2005.

Leffelsend, S./Mauch, M./Hannover B.: Mediennutzung und Medienwirkung. In: Mangold, R./Vorderer, P./Bente, G. (Hrsg.): Lehrbuch der Medienpsychologie. Göttingen: Hogrefe 2004.

Lösel, F./Beelmann, A.: Effects of Child Skill Training in Preventing Antisocial Behaviour: A Systematic Review of Randomized Evaluations. Annals of The American Academy of political and Social Science 587, 2003, 84–109.

Lorenz, K.: Das sogenannte Böse. Zur Naturgeschichte der Aggression. München: Deutscher Taschenbuch Verlag 2007 (25. Aufl.).

McCloskey, L.A./Lichter, E.L.: The Contribution of Marital Violence to Adolescent Aggression Across Different Relationships. Journal of Interpersonal violence 18, 2003, 390–412.

Mytton, J./DiGuiseppi, C./Gough, D./Aylor, R./Logan, S.: Cochrane Review: School-based Secondary Prevention Programmes for Preventing Violence. Published Online: 20th July 2007. www3.interscience.wiley.com/journal/114268524/abstract [22.05.2011].

Nolting, H.P.: Lernfall Aggression: Wie sie entsteht, wie sie zu vermindern ist. Reinbek bei Hamburg: Rowohlt 2005 (4. Aufl.).

Olweus, D.: Gewalt in der Schule. Was Lehrer und Eltern wissen sollten – und tun können. Bern: Verlag Hans Huber 2006 (4. Aufl.).

Robertz, F.J./Wickenhäuser, R.: Der Riss in der Tafel. Amoklauf und schwere Gewalt in der Schule. Heidelberg: Springer 2010 (2. Aufl.).

Sachs, J.: Checkliste Jugendgewalt. Ein Wegweiser für Eltern, soziale und juristische Berufe. Zürich: Orell Füssli 2006.

Schick, A.: Effektive Gewaltprävention: Evaluierte und praxiserprobte Konzepte für Schulen. Göttingen: Vandenhoek & Ruprecht 2010.

Schneider, W./Hasselhorn, M. (Hrsg.): Handbuch der Pädagogischen Psychologie. Göttingen: Hogrefe 2008.

Schubarth, W./Kolbe, F.U./Willems, H. (Hrsg.): Gewalt an Schulen. Ausmaß, Bedingungen und Prävention. Opladen: Leske und Budrich 1996.

Schubarth, W.: Gewalt und Mobbing an Schulen. Möglichkeiten der Prävention und Intervention. Stuttgart: Kohlhammer 2010.

Schwind, H. D./Roitsch, K./Ahlborn, W./Gielen, B. (Hrsg.): Gewalt in der Schule. Mainz: Weißer Ring 1995.

Scott, S./Knapp, M./Henderson, J./Maughan, B.: Financial Cost of Social Exclusion: Follow up Study of Antisocial Children into Adulthood. British Medical Journal 323, 2001, 191–193.

Snell, J. L./Hirschstein, M.: Bullying and Victimization. In: Lee, S. W. (Hrsg.): Encyclopedia of School Psychology. Thousand Oaks: Sage 2005.

Wahl, K./Hees, K. (Hrsg.): Opfer oder Täter. Jugendgewalt – Ursachen und Prävention. München/Basel: Ernst Reinhardt 2009.

Wetzels, P./Enzmann, D./Mecklenburg, E./Pfeiffer, C.: Jugend und Gewalt. Dunkelfeldanalyse in München und acht anderen deutschen Städten. Baden-Baden: Nomos 2001.

Winkel, R.: «Ey, ich aids dich an!» Die fünf Sinnperspektiven aggressiven Verhaltens in der Schule. Pädagogik 3, 1993, 6–9.

Wilson, S. J./Lipsey, M. W./Derzon, J. H.: The Effects of School-based Intervention Programs on Aggressive Behaviour: A Meta-Analysis. Journal of Consulting and Clinical Psychology 71, 2003, 136–149.

Winterhoff-Spurk, P.: Medienpsychologie – eine Einführung. Stuttgart: Kohlhammer 2004.

Anhang

Gewaltpräventionsprogramme im Überblick

Anti-Bullying-Programm nach Olweus

- Zielgruppe: Schule/Schulleitung/Lehrerkollegium
- zentraler Inhalt: Entwicklung gewaltpräventiver Maßnahmen auf persönlicher Ebene, Klassenebene und Schulebene
- Literatur/Material: Olweus, D.: Gewalt in der Schule. Was Lehrer und Eltern wissen sollten – und tun können. Bern: Verlag Hans Huber 2006 (4. Aufl.)

Das Berner Mobbing-Präventionsprogramm Be-Prox

- Zielgruppe: Lehrpersonen im Kindergarten und in der Schule
- zentraler Inhalt: Strategien gegen Mobbing
- Literatur/Material: Valkanover, S./Alsaker, F./Welten, R./Svrcek A./Kauer, M.: Medienpaket «Mobbing ist kein Kinderspiel». Bern: Schulverlag 2004.
- Internetadresse: www.praevention-alsaker.unibe.ch

Buddy-Programm

- Zielgruppe: Lehr- und pädagogische Fachkräfte der Schulen, die das Programm den Schülern weitervermitteln
- zentraler Inhalt: Kinder und Jugendliche stark machen und eine positive Umgangs-, Lehr- und Lernkultur in Schulen entwickeln
- Literatur/Material/Internetadresse: www.buddy-ev.de

Coolness-Training (CT)

- Zielgruppe: Klasse 3–12
- zentraler Inhalt: Erlernen von nicht aggressiven Handlungsalternativen auf der Grundlage der konfrontativen Pädagogik
- Literatur/Material: Kilb, R./Weidner, J./Gall, R.: Konfrontative Pädagogik in der Schule: Anti-Aggressivitäts- und Coolnesstraining. Weinheim: Juventa 2009 (2. Aufl.).
- Internetadresse: www.coolness-training.de

Eigenständig werden

- Zielgruppe: Klassen 1–4
- zentraler Inhalt: Förderung der sozialen Kompetenz und der Persönlichkeitsentwicklung
- Literatur/Material: Wiborg, G./Hanewinkel, R.: «Eigenständig werden»: Sucht- und Gewaltprävention in der Schule durch Persönlichkeitsförderung -- Evaluationsergebnisse der ersten Klassenstufe. In: Melzer, W./Schwind, H.-D.: Gewaltprävention in der Schule. Baden-Baden: Nomos 2004, 88–100.
- Internetadresse: www.eigenstaendig-werden.de/

Fairplayer.manual

- Zielgruppe: Klassen 7–9
- zentraler Inhalt: Förderung sozial-emotionaler Kompetenzen sowie zivilcouragierten Verhaltens
- Literatur/Material: Scheithauer, H./Bull, H. D.: fairplayer.manual. Förderung von sozialen Kompetenzen und Zivilcourage – Prävention von Bullying und Schulgewalt. Göttingen: Vandenhoek & Ruprecht 2008.
- Internetadresse: www.fairplayer.de

Faustlos

- Zielgruppe: Kindergartenkinder; Klassen 1–3
- zentraler Inhalt: Förderung sozialer und emotionaler Kompetenzen mit den Schwerpunkten Empathiefähigkeit, Impulskontrolle und Umgang mit Ärger und Wut
- Literatur/Material: Cierpka, M./Schick, A.: Faustlos – Kindergarten. Ein Curriculum zur Förderung sozial-emotionaler Kompetenzen

und zur Gewaltprävention für den Kindergarten: Göttingen: Hogrefe 2004.
Cierpka, M. (Hrsg.): FAUSTLOS – Grundschule. Ein Curriculum zur Förderung sozial-emotionaler Kompetenzen und zur Gewaltprävention für die Grundschule. Göttingen: Hogrefe 2007 (2. Aufl.).
- Internetadresse: www.faustlos.de

Fit und stark fürs Leben
- Zielgruppe: Klassen 1–2
- zentraler Inhalt: Persönlichkeits- und Gesundheitsförderung
- Literatur/Materialien: Burow, F./Aßhauer, M./Hanewinkel, R.: Klett Fit und stark fürs Leben. Persönlichkeitsförderung zur Prävention von Aggression, Rauchen und Sucht. Stuttgart: Klett 2002.

Komm, wir finden eine Lösung!
- Zielgruppe: Klassen 1–4
- zentraler Inhalt: Vermittlung von Fähigkeiten und Kompetenzen für gewaltfreie Konfliktlösung
- Literatur/Material: Zwenger-Balink, B.: Komm, wir finden eine Lösung! München/Basel: Ernst Reinhardt 2004.
- Internetadresse: www.komm-wir-finden-eine-loesung.de

Konflikt-KULTUR
- Zielgruppe: Klassen 1–13
- zentraler Inhalt: konstruktives Zusammenleben und Zusammenarbeiten durch Regeln; Konfliktlösung durch Mediation und Täter-Opfer-Ausgleich
- Literatur/Material: Reinbold, C. J. (Hrsg.): Konflikt-KULTUR. Soziale Kompetenz und Gewaltprävention. Berichte aus der Praxis. Freiburg: AGJ-Verlag 2002.
- Internetadresse: www.konflikt-kultur-freiburg.de

Lions-Quest «Erwachsen werden»
- Zielgruppe: Klassen 5–10
- zentraler Inhalt: Förderung sozialer und personaler Handlungskompetenzen, Stärkung des Selbstwertgefühls und des Selbstvertrauens

- Literatur/Material: Wilms, H./Wilms, E.: Erwachsen werden – Soziales Lernen in der Sekundarstufe I. Wiesbaden: Lions Club International 2009.
- Internetadresse: www.lions-quest.de

Prävention im Team(PiT)

- Zielgruppe: Klassen 1–4; Klassen 5–10
- zentraler Inhalt: Förderung von Selbstbewusstsein, sozialer Kompetenz, konstruktiver Konfliktlösung und Zivilcourage
- Literatur/Material: Institut für Qualitätsentwicklung an Schulen Schleswig-Holstein et al. (Hrsg.): PIT I: Prävention im Team. Kiel 2002.
  Institut für Qualitätsentwicklung an Schulen Schleswig-Holstein u.a. (Hrsg.): PIT II: Prävention im Team. Kiel 2002.
- Internetadresse: www.praevention-im-team.eu

ProACT + E

- Zielgruppe: Schüler, Eltern, Lehrer
- zentraler Inhalt: Gewaltreduktion durch Klassentraining, Lehrerberatung, Elterntraining
- Literatur/Material: Spröber, N./Schlottke, P.F./Hautziner, M.: Bullying in der Schule: Das Präventions- und Interventionsprogramm PROACT + E. Weinheim: Beltz 2008.

Training mit aggressiven Kindern

- Zielgruppe: aggressive Kinder (7–13 Jahre)
- zentraler Inhalt: Förderung von kooperativem, helfendem und einfühlsamem Handeln sowie der Fähigkeit zur Selbstkontrolle
- Literatur/Material: Petermann, F./Petermann, U.: Training mit aggressiven Kindern. Weinheim/Basel: Beltz 2008 (12. Aufl.).

Verhaltenstraining für Schulanfänger

- Zielgruppe: Klassen 1–2
- zentraler Inhalt: Training emotionaler und sozialer Kompetenzen
- Literatur/Material: Petermann, F./Natzke, H./Gerken, N.: Verhaltenstraining für Schulanfänger. Göttingen: Hogrefe 2006 (2. Aufl.).

WISK – Das Wiener Soziale Kompetenztraining

- Zielgruppe: Klassen 6–9
- zentraler Inhalt: Förderung des Miteinanders und sozialer Kompetenzen unter intensiver Einbeziehung von Lehrerkollegium und Eltern
- Literatur/Material: Strohmeier, D./Atria, M./Spiel, C.: WISK – Ein ganzheitliches Schulprogramm zur Förderung sozialer Kompetenz und Prävention aggressiven Verhaltens. In: Malti, T./Perren, S. (Hrsg.): Soziale Kompetenz bei Kindern und Jugendlichen. Entwicklungsprozesse und Fördermöglichkeiten. Stuttgart: Kohlhammer 2008.
- Internetadresse: www.univie.ac.at/wisk.psychologie/

Anti-Gewalt-Tipps für Schüler

1. Halte dich von gewaltbereiten Jugendlichen fern. Gehe nicht darauf ein, wenn sie dich provozieren.
2. Wirst du innerhalb oder außerhalb der Schule ernsthaft bedroht oder gar erpresst, sage dies deinen Lehrern, Eltern oder Freunden.
3. Wenn du deinen Lehrern Drohungen und Gewalttaten mitteilst, so betrachte dies nicht als Petzen, sondern als notwendigen Selbstschutz.
4. Hast du Angst davor, jemandem über Drohungen und erlittene Gewalt zu berichten, schreibe ihm einen Brief.
5. Wirst du körperlich angegriffen, rufe laut um Hilfe.
6. Ist niemand in der Nähe, versuche dich zu schützen bzw. zu verteidigen, schlage aber nicht brutal zurück.
7. Bist du Opfer von Gewalt geworden, so fordere zusammen mit deinen Eltern Klärung, Ahndung, Entschuldigung und gegebenenfalls Wiedergutmachung.
8. Verzichte darauf, dich zum Zweck der Selbstverteidigung zu bewaffnen.
9. Beteilige dich nicht am Mobben von Mitschülern. Empfinde es als deine menschliche Pflicht, ihnen zu helfen.
10. Überlege zusammen mit deinen Mitschülern, wie ihr Gewalt verhindern könnt. Bittet euren Klassenlehrer darum, die Vorbeugung von Gewalt zum Thema eines Klassengesprächs zu machen.

Mobbing-Warnzeichen (nach Olweus)

Primäre Warnzeichen in der Schule:

- Das Opfer wird gehänselt, lächerlich gemacht, eingeschüchtert, bedroht, unterdrückt.
- Das Opfer wird gestoßen, geschubst, getreten, geschlagen.
- Das Opfer wird in Streitigkeiten und Kämpfe verwickelt.
- Besitzgegenstände des Opfers werden weggenommen, beschädigt oder verstreut.
- Das Opfer hat Verletzungsmerkmale (z.B. Prellungen, Schnitte) oder zerrissene Kleidungsstücke.

Sekundäre Warnzeichen in der Schule:

- Das Opfer ist häufig allein und ausgeschlossen.
- Das Opfer wird bei Mannschaftsspielen zuletzt ausgewählt.
- Das Opfer sucht während der Pausen die Nähe von Lehrpersonen.
- Das Opfer ist sehr ängstlich.
- Das Opfer traut sich kaum, vor der Klasse etwas zu sagen.
- Das Opfer scheint hilflos und unglücklich.
- Die Schulleistungen fallen plötzlich oder allmählich ab.

Primäre Warnzeichen zu Hause:

- Das Opfer kommt mit beschädigten Besitzgegenständen sowie zerrissenen oder unordentlichen Kleidern nach Hause.
- Das Opfer hat körperliche Verletzungen, für die es keine natürliche Erklärung gibt.

Sekundäre Warnzeichen zu Hause:

- Das Opfer hat keine außerschulischen Kontakte mit Klassenkameraden oder anderen Gleichaltrigen.
- Das Opfer hat keinen Freund oder Freundin.
- Das Opfer ist sehr ängstlich.
- Das Opfer geht ungern zur Schule.
- Das Opfer hat morgens keinen Appetit.
- Das Opfer hat vor allem morgens häufig Kopf- und Magenschmerzen.
- Das Opfer geht auf Umwegen zur Schule.

- Das Opfer schläft schlecht und hat Angstträume.
- Die Lernmotivation des Opfers fällt ab.
- Die Schulleistungen des Opfers verschlechtern sich.
- Das Opfer scheint hilflos und unglücklich.
- Das Opfer klaut auf Druck der Täter Geld.

Anti-Mobbing-Strategien (nach Olweus)

Maßnahmen auf der Schulebene:
- Ist-Analyse des Sozialverhaltens mithilfe einer Fragebogenuntersuchung
- pädagogischer Tag zur Entwicklung eines pädagogischen Konzepts gegen Mobbing
- Diskussion des Konzepts im Elternbeirat/Änderung und Ergänzung des Konzepts
- Schulkonferenz zur Beschlussfassung eines gemeinsamen Maßnahmenkatalogs
- Normverdeutlichung/unmissverständliche Botschaft an alle: «Wir dulden keine Gewalt!»
- Veränderung/Verstärkung der Pausenaufsicht
- Ausbildung und Einsatz von Schüler-Streit-Schlichtern
- Kontakttelefon/Ansprechperson für tyrannisierte Schüler

Maßnahmen auf der Klassenebene:
- pädagogischer Konsens im Klassen-Lehrerteam
- Entwicklung sozialer Verhaltensregeln mit der Klasse (Klassenkodex)
- Behandlung des Gewaltproblems im Unterricht mit dem Ziel, das Mitgefühl für Opfer zu fördern
- Rollenspiele zur Einübung prosozialer Verhaltensweisen
- Änderung des Begriffes «Petzen» (Recht auf Selbstschutz)
- Würdigung prosozialer Verhaltensweisen
- regelmäßige Klassengespräche/Befindensgespräche
- häufigere Anwendung kooperativer Unterrichtsformen
- regelmäßiger Austausch Klassenlehrer-Klassenelternvertretung über das Sozialverhalten der Klasse

- Elternabend zum Thema «Mobbing»/Entwicklung eines Anti-Mobbing-Konzepts

Maßnahmen auf der persönlichen Ebene:
- Gespräche mit den Opfern/Vermittlung von Selbstschutzstrategien
- Gespräche mit den Eltern der Opfer
- grenzziehende Gespräche mit den Tätern und deren Eltern
- konsequentes Reagieren bei Normverletzungen
- Schulausschluss bei wiederholten Normverletzungen

Leitfaden Gewaltintervention

1. Situationsklärung
- Was ist vorgefallen?
- Ist jemand verletzt, ist etwas beschädigt worden?

2. Konfrontation
- die Folgen der Gewalthandlung aufzeigen
- auf die Tatsache der Regelverletzung hinweisen

3. Empathie und Einsicht
- in die Opferperspektive wechseln
- die Notwendigkeit von Regeln einsichtig machen

4. Problemlösung
- klassische Strafen (zum Beispiel Eintrag, Nachsitzen, Strafarbeit)
- Sofortausschluss/Time Out
- Täter-Opfer-Ausgleich
  - materielle Wiedergutmachung (Begleichung von Schäden)
  - seelische Wiedergutmachung (Hand geben -- in die Augen schauen -- Entschuldigung)
- Entzug von Annehmlichkeiten, Privilegien
- Besinnungsaufgaben (z. B. Entschuldigungsbrief, Ursachenerforschung)
- Ordnungsdienste/Schuldienste

5. Begleitung und Erfolgskontrolle

Amokprävention

> «Welches Ausmaß die Tragödie wirklich hat, wurde mir erst deutlich, als ich wieder ins Gebäude kam. Dann habe ich alle Toten gesehen. Alle siebzehn, einen nach dem anderen. Das war ganz schrecklich, das hat sich tief in meinen Kopf eingebrannt.»
> U.P., Hausmeister am Johann-Gutenberg-Gymnasium Erfurt

Seit Ende der 1990er Jahre ist weltweit eine Zunahme in Schulen verübter schwerer Gewalt- und Amoktaten festzustellen. In Deutschland sieht die Chronologie der Ereignisse folgendermaßen aus:

9. November 1999: In Meißen (Sachsen) stürmt ein 15 Jahre alter Gymnasiast maskiert in ein Klassenzimmer und ersticht seine Lehrerin. Er hatte die Tat angekündigt und wird kurz darauf gefasst.

16. März 2000: Weil er am Vortag von seinem Realschulinternat in Brannenburg (Bayern) verwiesen wurde, schießt ein 16-jähriger Schüler dem Leiter der Anstalt in den Kopf und fügt sich dann selbst schwere Verletzungen zu. Das 57-jährige Opfer der Straftat stirbt sechs Tage später.

19. Februar 2002: Ein mit zwei Pistolen, drei Rohrbomben und einer Handgranate bewaffneter 22-Jähriger tötet bei einem in Eching bei München begonnenen und in Freising fortgesetzten Amoklauf drei Menschen, darunter den Rektor seiner früheren Wirtschaftsschule.

26. April 2002: In einem Gymnasium in Erfurt (Thüringen) richtet ein Ex-Schüler ein beispielloses Blutbad an. Schwarz vermummt und schwer bewaffnet zieht der 19-Jährige durch das Gebäude und erschießt 16 Menschen -- acht Lehrerinnen, vier Lehrer, eine Schülerin, einen Schüler, die Sekretärin und einen Polizisten. Dann tötet er sich selbst.

2. Juli 2003: Ein 16-jähriger Realschüler schießt im fränkischen Coburg während des Unterrichts auf seine Klassenlehrerin und verletzt anschließend eine Schulpsychologin. Danach tötet sich der Jugendliche. Die 41 Jahre alte Lehrerin bleibt unverletzt.

20. November 2006: Mit Gewehren, Sprengfallen und Rauchbomben überfällt ein 18-Jähriger im westfälischen Emsdetten seine frühere Schule, verletzt 37 Menschen und erschießt sich danach.

11. März 2009: Ein 17-Jähriger erschießt an seiner ehemaligen Realschule in Winnenden 12 Menschen (acht Schülerinnen, einen Schüler, drei Lehrerinnen) und in einem Industriegebiet in Wendlingen zwei Menschen. Anschließend tötet er sich selbst.

17. September 2009: Ein 18-jähriger Schüler des Gymnasiums Carolinum in Ansbach verletzt mit Brandbomben und Axthieben zehn Schüler und einen Lehrer, zwei davon schwer. Er wird von der Polizei durch Kugeln gestoppt und dabei schwer verletzt.

18. Februar 2010: Ein 23-Jähriger dringt in Ludwigshafen in seine ehemalige Berufsschule ein und tötet einen Lehrer mit Messerstichen aus Rache für schlechte Noten. Ein internes Handy-Alarmsystem verhindert weitere Opfer.

Aus der Analyse der Amokereignisse geht hervor, dass die überwiegende Mehrheit der Täter dem männlichen Geschlecht angehört und ein Durchschnittsalter von knapp 16 Jahren aufweisen (Robertz/Wickenhäuser 2010). Des Weiteren fallen folgende Merkmale auf:

- persönliche Niederlage,
- Depressivität,
- schwache soziale Bindung,
- Affinität und Zugang zu Waffen.

Pro Schul-Amoklauf gab es durchschnittlich 1,3 Tote und 3,2 Verletzte. Opfer waren Lehrpersonen, Schüler sowie Schulpersonal. In den meisten Fällen tötete sich der Täter nach dem Ende der Tat selbst.

Amoktaten werden sehr häufig längerfristig geplant und vorbereitet, sehr selten handelt es sich um eine Impulstat. Sie vollziehen sich in Form einer Schritt-für-Schritt-Entwicklung:

1. Misserfolg/Kränkung: Es wächst der Wunsch nach Rache.
2. Kompensation: Eine Rache-Idee entsteht.
3. Planung: Es wird ein Tatszenario entworfen.

4. Vorbereitung: Ein Termin wird ins Auge gefasst, Tatwerkzeug wird beschafft, der Transport wird organisiert.
5. Vorstoß: Es findet eine verdeckte oder offensive Annäherung an den Tatort statt.
6. Angriff: Die Tat wird ausgeführt.

Im Entstehungsprozess einer Amoktat gibt es Warnzeichen, die für die Früherkennung und Frühintervention genutzt werden können:

- sozialer Rückzug
- depressive Äußerungen
- Beschäftigung mit Waffen
- martialische Kleidung
- übermäßiger Gewaltmedienkonsum
- Gewaltfantasien in Aufsätzen und Zeichnungen

Zusätzlich zu diesen ersten Warnzeichen findet häufig ein Leaking statt. Konkret bedeutet dies, dass die geplante Tat angedeutet wird. Und zwar durch deutliche Drohungen im direkten Gespräch, in Graffitis, in E-Mails oder in Chatroom-Mitteilungen.

Wenn die Warnzeichen noch sehr diffus sind und hauptsächlich auf eine seelische Notlage hindeuten, ist ein vom Klassenlehrer oder Beratungslehrer durchgeführtes Gespräch der erste Schritt. Man erkundigt sich mit Fingerspitzengefühl nach dem Befinden des Schülers. Signalisiert er seelische Nöte, sollten der Schüler und seine Eltern zur Konsultation einer psychologischen oder medizinischen Fachkraft motiviert werden. Wichtig ist, zu einem späteren Zeitpunkt nachzufragen, ob diese auch tatsächlich erfolgt ist.

Liegen Hinweise vor, aus denen eine konkrete, substanzielle Drohung hervorgeht, muss die Polizei informiert werden. Diese nimmt eine Gefährderansprache vor mit dem Ziel einer fundierten Gefährdungsanalyse und Gefährdungsbewertung. Bestätigt sich der Verdacht einer Tatplanung, wird die Polizei alles unternehmen, um die Sicherheit der Schüler und Lehrer zu gewährleisten.

Weil eine Amoktat nie ganz verhindert werden kann, muss sich eine Schule auf den schlimmsten Fall einstellen. Um in einer solchen Extremsituation handlungsfähig zu sein, bedarf es eines Notfallplans und eines gut funktionierenden Krisenteams. Alle Akteure müssen wissen, was zu tun ist und wie schnellstmöglich Hilfe angefordert werden kann. Soweit die Gefahrenlage es erlaubt, gehört zum Krisenmanagement auch die Unterstützung der Polizei und der Rettungskräfte.

Sobald der Polizei- und Rettungseinsatz beendet ist, beginnt die Organisation der ersten seelischen Hilfe. Hierfür stehen sowohl die Notfallseelsorger als auch die Schulpsychologen zur Verfügung. Hauptaufgabe der Schulpsychologen ist es vor allem, mit den betroffenen Schulklassen Nachsorgegespräche zu führen und auch abzuklären, welche Schüler einer zusätzlichen psychotraumatologischen Behandlung bedürfen.

Bei schwerstgradigen Amokläufen wie denen in Erfurt und Winnenden dauert es Jahre, bis die individuelle und kollektive Seelenlage wieder in eine relative Balance zurückgekehrt ist.

Grundsätze der Amokprävention

1. Hinsehen!
2. Hinhören!
3. Auf Warnzeichen achten!
4. Warnzeichen ernst nehmen!
5. Warnzeichen richtig interpretieren!
6. Wenn nötig, die Polizei informieren!

2011. 155 S., Kt
€ 19.95 / CHF 28.50
ISBN 978-3-456-84982-9

Täglich sind Lehrerinnen und Lehrer in ihrem Alltag mit einer Vielzahl von Problemen konfrontiert. Das reicht von Unterrichtsstörungen durch Gewalt bis hin zu akuten psychischen Krisensituationen bei einzelnen Schülern. Die Lehrenden müssen in solchen Situation oft schnell Entscheidungen treffen. Umso dringender benötigen sie im Schulalltag ein fundiertes Grundwissen über die wichtigsten psychologischen Problemsituationen – und die geeigneten Maßnahmen, die sie dagegen ergreifen können.

Erhältlich im Buchhandel oder über
www.verlag-hanshuber.com

HUBER

Nachdruck 2011
der 2., aktual. Aufl. 2010.
128 S., Kt
€ 17.95 / CHF 29.90
ISBN 978-3-456-84856-3

Disziplin im Klassenzimmer herzustellen ist die schwierigste pädagogische Aufgabe, auf die Lehrerinnen und Lehrer nur unzureichend vorbereitet werden. In allen Lehrerbelastungsstudien haben sich Unterrichtsstörungen als der gravierendste Stressfaktor erwiesen. Deshalb möchte dieser Ratgeber Lehrpersonen zu einem wirksamen Disziplinmanagement verhelfen.

Erhältlich im Buchhandel oder über
www.verlag-hanshuber.com

HUBER